預備
教育的未來

新時代的學習樣貌，
打造面對挑戰的適應力、恆毅力
與自我學習力

PREPARED
What Kids Need for a Fulfilled Life

黛安・塔文納 Diane Tavenner 著
劉嘉路 譯

推薦序

裂縫與遠征

張淑玲 昶心蒙特梭利實驗學校負責人

就如同台灣為歷年來的教改成效爭議不斷，美國的教改歷程更是血淚斑斑。而其背後所涉及的議題複雜程度，恐怕更勝於台灣。而本書《預備教育的未來》中所涉及的背景架構，更是反映近二十年來美國教改歷程中的省思脈絡，同時更提供難能可貴的實證經驗。

美國公立中小學成效不彰一直是美國教育的痛腳之一。二〇一〇年由好萊塢知名的紀錄片導演戴維斯·古根漢（Davis Guggenheim）所執導的紀錄片《等待超人》（*Waiting for "Superman"*）中，揭露了美國中小學教育現場令人不安及心碎的現況：每年有大量的中輟生離開學校，在全美被稱之為輟學工廠的兩千所學校中，有將近四〇％的學生無法畢業取得高中文憑。單以賓州為例，監獄中有六八％的囚犯都是高中中輟生。相較於州政府每年每人投入三萬三千美元用於犯罪防治及矯正受刑人的教育預算，每個受刑人四年所花的費用，竟足以支付一個學生從幼兒園到高中的私立學費，並有餘裕可以支付另外兩年的大學費用，其資源錯置的荒謬可見一斑。

這些失落的年輕人，不僅造成嚴重的社會問題，更陷入令人憂心的強者愈強，弱者愈弱的馬太效應中。不僅自己的人生難以脫困，其子女恐怕也很難脫離貧窮、犯罪與問題家庭的泥淖。在這重重環繞的困境裡，這些年輕人唯一能寄望的翻身之道只有教育。上大學成了他們唯一的救贖。

而這也是為什麼本書的作者黛安．塔文納，一開始會從一個想要上大學的學生伊莎貝拉跟她求救開啟本書往後的篇章。而書中一開始就出場的伊莎貝拉所遭遇的處境，在美國並不是一個特例。如果不是經由教育的拯救，伊莎貝拉極有可能成為上述中輟的學生之一，而讓自己往後的生命陷入無窮的困境中。對於幾乎是人人都可讀大學的台灣人而言，如果不經由這個脈絡的解釋，大概很難理解為什麼塔文納校長會不斷提及頂峰高中的大學錄取率一事。因為在美國，高中生成績能達到四年制大學入學成績標準的比率只有四〇%，但在頂峰高中的比率是一〇〇%。某種程度他們相信進大學足以改變人生的軌跡。而這點在台灣，因為情境不同，我們可能會有不同的看法與爭議。

針對美國教育的困境，歷任美國總統沒有少提過各種政策跟解方。從小布希在二〇〇一年推動大家耳熟能詳的 No Child Left Behind（一個都不能少）教育改革方案，到歐巴馬上任時，更進一步加碼預算推動所謂的 Race to the top 政策（學生成績優良的學校獲得獎勵，成績不佳的學校則可能面臨關閉的後果），這中間除了要提升美國國內基礎教育的水準，拉升學生評量表現成績，維護教育公共性及社會公義等基本價值外，更有因為全球化浪潮所引發的國力競爭的考量。當美國政府以各式手段提升公立學校的教學品質卻難見成效時，另一種有感於公立學校的框架難以突破，改革曠日費時，不如另起爐灶的思維便應運而生。各種特許學校成了新的寄望所在。

特許學校（Charter School）乃是美國從一九九〇年代以降，經由美國州政府立法許可所設立辦理的公辦民營學校。不同於美國一般的公立學校，特許學校不受一般教育行政規定的約束，再加上有政府經費的奧援，得以維持低廉的學費，所以特許學校一直被視為是鬆綁僵化教育體系的解方之一。近年來主張各種不同教育理念，標榜教育進步主義的特許學校，紛紛在美國興起。本書中的實證案例學校頂峰預備特許高中，即是屬於美國公辦民營特許學校的一種。

頂峰預備特許高中的創辦人，塔文納校長，曾經歷過令人洩氣，或套句書中她所說的「讓人心碎」的教學經驗。在傳統的教學方法中，她見識過就算是超級努力奮發的孩子，似乎也對真心學習缺乏興趣。教育現場隨處可見的許多巨大裂縫，讓她警覺到他們正在失去各個階層的孩子，不只是那些在貧窮線掙扎的孩子，也包含家境富裕的孩子。這讓她深思，該如何幫這些陷入教育裂縫中的孩子準備好他們的未來？而這一切思索，在她有機會創辦一所全新學校時，化約成了一個看似扁平的目標：確保每一位在頂峰高中畢業的學生，都能進入四年制大學就讀。

進入大學就讀其實只是為孩子準備好進入未來圓滿生活的一種手段與路徑。不同於當時全美正在推行，以提升學生成績為目標，塔文納校長更希望頂峰高中學生的學習能更貼近真實的世界。所以雖然困難重重，頂峰高中推行的是目前創新教育圈很熱中推動的研究專題學習法，亦即所謂的 Project Base Learning，（ＰＢＬ）。

研究專題學習法嚴格說起來並不是太新的概念，但就算是在美國，也僅有少數學校能夠施行，甚或以此當成是招生宣傳的重點。塔文納校長在書中點出的重要觀察是大多數學校看待這教學法的心態跟做法，常淪為學習上點綴性的甜點而非主菜。這個觀察跟形容實在是非常傳神及貼切。做為同樣是實驗教育的工作者，我知道能夠貫徹ＰＢＬ的教學有多困難。

在本書中塔文納校長花了極大的篇幅談及如何實踐研究專題學習法，並談到過程當中曾遭遇到的盲點。例如學校如何建立與累積有品質的研究專題，以至於當學生開啟一個研究專題時，指導老師能夠明確的了解學生究竟發展了哪些技能。諸如此類的提醒與觀察，對於想要實踐研究專題學習法的老師而言，真是有價值的提醒。

除了研究專題學習法的經驗分享之外，對於如何協助學生建立自我導引學習等技能，塔文納校長也著墨甚多。對於教學跟學習之間的各種策略應用，學校的治理與決策方式以及相對能夠應用的各式技巧，塔文納校長都也能藉由各種生動的案例與故事傳達策略運用的重點與精神。看得出言者諄諄背後深厚的經驗底蘊。

台灣在二〇一四年通過「實驗教育三法」後，近幾年雨後春筍般出現的各類教育主張，頗有百花爭艷的味道。我們雖不慣以特許學校為名，也有別於美國特許學校的發展脈絡，但借鏡美國成功的特許學校發展歷程，或許可以讓每個教育遠征者有更多的信心壯膽，走出更具社會意義的教育實踐路線。

推薦序

什麼樣的未來？什麼樣的生命？

黃政雄 全人實驗中學校長

今年年初，朋友傳來比爾．蓋茲推薦五本好書的網頁：第一本是腦神經科學對於睡眠的研究成果；第二本是重新詮釋美國立國精神的美國史；第三本是經濟學書籍，討論成長的極限；第四本是關於一對非裔美國夫妻的小說；第五本就是《預備教育的未來》，是美國一所特許學校——頂峰高中——實踐教改的故事。

五本書都很吸引人，我立刻上亞馬遜網站買齊了電子書來讀。除了對書籍內容感到好奇之外，也想了解一下蓋茲先生的品味和視野，特別是他對教育的想像。讀完頂峰高中的故事，心中頗感到雀躍和欣喜。這是很值得台灣學習和借鏡的教改經驗。我也向全人的教師和家長積極推薦這本書。

《預備教育的未來》的原書名是Prepared，若翻譯成「為孩子預備未來」，在台灣的社會脈絡下，可能會造成一些誤解；作者塔文納女士是頂峰高中的創辦人之一，基於對當代經濟型態的認知，她確實希望頂峰高中的畢業生都能進入四年制大學，而且學生們也的確達到近一〇〇%的升學率。如此，讀者可能會把「為孩子預備未來」簡化成升大學。

其實，本書的原文副標題「孩子需要什麼東西，才能過一個豐盛圓滿的生命（What Kids Need for a Fulfilled Life）」，才是本書要旨。任何一位負責任的教育者或為人父母者，都應該深入去思考這個問題。因為我們這時代變動的速度和幅度是前所未有的，用上一代教養我們的方式去教養下一代，很可能在孩子畢業離校的時候，我們為他們預備好去生活和工作的世界已經不存在了。但是，難道沒有一種教育，既能回歸教育的本質，又能回應時代巨變的挑戰嗎？當然有，頂峰高中就是往這個方向前進。

教育的本質其實很簡單：協助孩子理解我們所生存的世界，透過本身的自由與行動去發展和實現自己的潛能，並將新的可能性帶進這個世界，能夠對社群有所貢獻，並且在經濟上能夠獨立。邱吉爾曾說：We make a living by what we get, but we make a life by what we give! 我們的付出和給予，決定我們過什麼樣的生命。而頂峰高中的實踐方式與這本質是一致的。

書中第四章到第七章介紹了他們主要的實踐方法：自我導引學習、研究專題為本學習法、協助孩子反思、合作學習。這些學習方式不只是對教育本質的回歸，孩子在學習過程中所培養出來的能力，正是新的經濟型態所需的能力，也是面對時代巨變所需的根本能力。「進入大學」是這個能力的展現和延續，而不是最終目的。

頂峰高中的成功，有幾個主要原因，如下：

一、理論與實踐維持一種健康的辯證關係。辦學團隊持續吸收認知科學與教育心理學等領域的知識，以指引和調整實踐方向，但在實踐上也保持一種創造性的靈活，充分體現皮亞傑所說：「教育是建立在科學之上的一門藝術。」

二、辦學團隊發展出一種有效率的對話和合作的文化。

三、學校成為一個學習共同體。學生知道老師永遠不會放棄他們，並感覺受到尊重和信任，在學習上有充分的自主性，跟人合作和對話是自在和愉悅的。

四、充分利用網路與社區資源。

在台灣目前的社會條件下，有沒有可能出現像頂峰高中這樣的公辦民營學校呢？看起來非常困難，但是有機會。

第一個困難是行政上各種僵化的要求，對辦學者所產生的巨大干擾；第二個困難是辦學團隊容易變成由上而下的威權管理模式，無法建立平等、對話和合作的文化；第三個困難是社區與網路資源的匱乏，網路上的學習資源大部分都是使用英文，中文資源相當貧乏；第四個困難是辦學者時常把教育當做一種技術或一套程序，而非一門藝術；最後也最大的困難是來自我們的深層文化結構，真心尊重孩子的自由和尊嚴，並不屬於我們的文化基因，在教育場域二十七年，我很少看到孩子身上沒有那些隱形的細線（牽線木偶身上的細線）。

不過，我是一個審慎的樂觀主義者。我相信不管多麼困難，總是可以找到前進的路，只要我們懷抱信念和勇氣。在三十幾年前，也很少人相信我們可以建立亞洲最進步的民主政體。

最後，分享一下愛因斯坦的道德信念：只有當一個人可以幫助所有活著的生命過得更高貴和更美麗，他的生命才會有價值。

目錄

第三部 要準備什麼？

獻給所有的孩子

來自作者

所有在本書裡的故事，全都是真實的。
我很幸運能認識一群認真的教師和激發人心的孩子們，
並且和他們一起合作。
為了保護他們的隱私，我在多數提到的故事裡，
改變了名字或某些可清楚辨認的細節。

序曲

在頂峰預備特許高中（Summit Preparatory Charter High School）成立第二年的學期開始，伊莎貝拉在一天早晨走入了校園。她的個子相當嬌小，有著一頭深棕色的長直髮，以及深邃、銳利的棕色眼睛。她的裝扮很樸素，背著一個後背包。我不認識她，因此出聲詢問能幫什麼忙；她客氣的說想要找校長，談關於轉學的事情。「我就是你要找的人。」我回答她。

我們坐了下來，而我注意到的第一件事情，是她的冷靜和成熟。得知她是高中二年級學生時，我深受震撼。她的聲音沉穩而確定，就是安靜了一些，不隨意開口，說話時也有仔細考慮過後的意味；不過，她的聲音中也帶有一股急切和堅定。

「我想要上大學。」伊莎貝拉開始說話。「我聽說這間學校不一樣，你們會確保每個學生都可以進大學讀書。」

「這一點也沒錯。」我邊說邊迎上她的目光。這是我們頂峰高中的承諾。

她並沒有移開目光，「我需要像這樣的學校。如果待在目前的學校，我是沒辦法上大學的。我過去做了一些事情……。」她停下來看了看自己的雙手，然後抬頭再度面對我的目光。「我曾加入幫派，跟一群人混在一起，他們並不奢望我所想要的未來。我現在跟那些人、那些事都沒有關係了，但在目前的學校裡，那些人仍然圍在我身邊，每一天都想把我拉回以前的日子裡。我不想要再回到那種生活。我想要前進，我想要上大學。」

我感覺自己緊綳起來。我不希望頂峰高中裡有幫派份子。而且可悲的是，我從來沒遇過任何學生能拋開那種舊生活——不管他們多努力去嘗試。在之前學校教過那些孩子們的臉孔，一一在我心裡閃逝。他們都有真誠的企圖心，但到頭來，沒有一個人能改變自己的人生軌跡，逃脫幫派的萬有引力。我很懷疑，伊莎貝拉能成為「例外」嗎？但同時間，我也很難將自身的經驗和眼前年輕女孩的經驗相印證。她有一種鋼鐵般的決心，讓我想要相信她能做到。

我將註冊入學需要的資料表格拿給伊莎貝拉，告訴她如果想讀頂峰高中，就需要把這些資料填完再交給我。她急切的收下，並在我解釋整個流程時翻閱著表格。過程其實相當簡單，我們需要的就是一般資料，以及她目前學校的在校成績單。她聽話的同時點了點頭，同意會在當天傍晚完成所有表格，隔天交回來。

在伊莎貝拉走出門口時，我跟自己打賭她不會回來了。畢竟我已經見過太多孩子，他們想要不同人生道路而開口尋求幫助，只是最後都沒能堅持下去。

隔天早上，當伊莎貝拉進門時，我很開心自己賭輸了。她小心的完成每一張表格，也向目前的學校申請了成績單。她其實應該要再過一天才能拿到成績單，但希望把手上可以交的東西立刻拿來給我。我翻了翻資料，看到「家長／監護人簽名」這一欄是空白的。

我轉頭面向伊莎貝拉，指出她需要至少一位家長或監護人的簽名，而她以一種我很快就會非常熟悉的堅定眼神看著我，說：「我跟外婆同住，她只是提供一個地方讓我住下來。我爸媽之前吸毒過世了。我都是自己照顧自己。」

我點點頭，說：「我明白，但是你的外婆仍需要在表格上簽名。」

那個星期，伊莎貝拉每天都會來這裡，直到把註冊入學所需的所有東西交齊為止。我發現自己每天早上都在期盼她回來。因此當我終於告訴她「可以開始在頂峰高中讀書」的時候，我們兩人臉上的笑容一樣燦爛。「你不會後悔的。」她如此承諾。

伊莎貝拉證明了自己是位優秀的學生。她的作業一絲不苟，思路清晰，寫作技巧高超，口頭報告也相當有說服力。她的數學、科學也同樣表現優秀，很快就和另一位學生傑米不相上下。在所有任課老師看來，傑米是個資優生，他對事物有好奇心，也很努力學習，並在全部的科目都表現傑出，讓人覺得他似乎天生就能把任何事給學好、學精。此外，傑米在班上也受到同學的歡迎和尊敬，因為他願意花時間幫助其他人。

許多年之後，傑米在畢業前幾天，說出自己有多麼愛慕伊莎貝拉。他樂意見到伊莎貝拉在學識上與自己旗鼓相當，並認為她就是自己一直在尋找，可以幫助自己把論點想得更清楚、針對報告提出回饋的同伴。

傑米也已經洞察到，在許多其他方面上，他無法和伊莎貝拉匹敵。傑米明白，自己有慈愛的父母是多麼幸運的事，彼此同住在中上階層舒適的家，其中充滿了愛、食物、書本和支持。傑米不需要擔心如何照顧自己，他的工作就是上學、學習、把事情做好。而伊莎貝拉的生活就艱辛多了。

伊莎貝拉開始讀頂峰高中後，就在學校附近的一間零售店打工。升上十一年級的時候，她曾來問過我，是否知道可以在哪裡找到一份全職工作。伊莎貝拉的外婆家，其實等同一個臨時湊合的公寓，外婆也希望她可以付房租。此外，伊莎貝拉還需要買自己的食物、衣服和日用品。我表示可以幫忙食物和日用品的部分，但伊莎貝拉不想這樣，她就只想要一份工作。因此，我把她介紹給在初創科技公司工作的朋友。這間位於街底的公司，正為徵求行銷人才傷腦筋，因為職務條件需要能說流利的西班牙語。他們同意讓她過去面談。

雖然我想為伊莎貝拉再多做些什麼，不過她凡事都靠自己。你在學校給她一個位置，她就會善盡其責；你把她介紹給一間公司，她一定會得到那份工作，並且做得很好。伊莎貝拉真的這麼做了，每天傍晚放學就到那裡工作。

在伊莎貝拉開始工作半年後的某天早晨，她一到學校，就先來我的辦公室。我注意到她肩上背了兩個後背包，而不是一個。她說：「我目前已經搬出我外婆的房子了，想把我的新地址給您。」

我知道她的生活並不容易，但這消息似乎過於突然。我擔心的問：「發生了什麼事？你要搬到哪裡？」

「我已經存夠錢去租自己的公寓。我不能繼續住在外婆家，那裡並不安全。我雖然有付房租，卻時常得在她的臥室地板打地鋪，因為她一有機會，就把我的房間租出去。住客會偷我的食物和東西。我不得安生，需要離開那裡。」

「我們能幫你做什麼呢？」我問她，急切想要實質上支持她。

「您不需要做任何事。我找到一間公寓，今天就會搬進去。」

「那麼，至少讓我們幫你搬家。」我帶著一絲絕望如此提議。

「沒關係的，塔文納校長。我全部的東西都在這裡了。」她指著第二個後背包，然後說：「我可以把它先放在這裡，今天下課後再帶走嗎？」我點點頭，覺得自己有些無用，也感到非常有罪惡感，沒想到伊莎貝拉擁有的所有東西，就僅只一個後背包大小。

「嗯，對了，塔文納校長，我終於存夠錢來除去身上的刺青。這週末我就會把它弄掉。」說完，伊莎貝拉露出我認識她以來見過最喜悅的笑容。

這刺青是她過去加入幫派時弄的。伊莎貝拉獨力處理離開幫派生活所要做的事，就如同她生活的一切事情。那是一段令人痛苦的經驗，不過她處之泰然。如今，她即將切斷跟過往生活最後的聯結，不再屬於那一部分，而是擁抱她為自己創造的未來。

在高中的最後一年，伊莎貝拉心中的第一志願——聖克拉拉大學，提供了商管系獎學金讓她入校就讀。大學四年畢業後，伊莎貝拉進入職場，還建立了一個溫馨、和樂的家庭，目前正計劃成立自己的公司。

直到今天，伊莎貝拉的人生仍鼓舞著我。我在她的工作倫理和決心中找到了力量。我佩服她的願景、明確性，以及承諾不管發生什麼事，都要將之實現的責任感。我渴望擁有她那種獨立和自信。

對我來說，伊莎貝拉把所有孩子想要的東西給具體化了，也就是能活出自己想要的生活——變得快樂、成功且忠於自己。伊莎貝拉就跟我認識的所有孩子一樣，她想要的是機會，而不是等待某人來解救自己。

第一部

為什麼要做準備？

第一章
因為畢業的意義，不只是畢業而已

二〇〇七年陽光明媚的六月天，頂峰高中第一個畢業班的畢業典禮，舉行於距加州舊金山南邊半小時車程的紅木市（Redwood City）。這場畢業典禮看起來跟其他學校的畢業典禮很不一樣：畢業生不會按照姓氏順序排座位，沒有畢業生代表致詞，沒有來自校外的嘉賓致詞，也不見學生在觀眾鼓掌時急匆匆的走過舞台。如同過去四年來我們治理這學校的態度，我們想要以不同的方式，更用心的辦畢業典禮。

那一年，我們的臨時校園坐落在紅杉高中二十二畝地的一角，還借了該校的卡林頓廳舉辦畢業典禮。卡林頓廳擁有重大歷史意義，是一九二〇年代初期所建的西班牙建築風格劇院。它有傳統的交響樂隊，夾層與可容納四百人的陽台包廂區座位，以及一股為這場合增添肅穆和重視的莊嚴感。我們終於對相信這學校的家庭，實踐了當初許下的承諾。讓頂峰高中獨一無二的一點，是本校畢業生達到四年制大學入學成績標準的比率是一〇〇％，而全國高中的平均比率是四〇%。本校所有向四年制大學申請入學的畢業生中，有九八%至少被一間學校錄取。

我以校長的身分，在離大禮堂一街區的地方集合了八十名畢業生，如此大家才能排列成隊進入劇院，而不被家長和親朋好友事先看見，那畫面很像新娘進入教堂的場景。我們事先把關於這一天的每個決定，做過了審慎的思考。

畢業生們跟著自己的導師一起進來。每位學生都有一位身兼教職的導師，以及一群十五至二十位在學校結識的同學。每位導師和他們一路教導、支持的學生發展出深遠的關係，也都受到信任，學生可以放心的跟導師說話。導師每天都會見到自己的指導學生，關心他們和他們的成功，也會到學生家裡和其家人一起用餐，一路給予支持。有時候，導師會和學生一起討論，幫助他們更認清自己學業上的目標。很多時候，導師也會幫助學生釐清家庭的問題，或是對他們充滿壓力的社交生活提供指引。

隨著每位畢業生走入禮堂的，還有一位在他們人生旅程中扮演重要角色的人，像是父母或親戚。導師所做的種種努力，可以和家人互補，彼此承諾要在這一天，支持畢業生走入自己的未來。

我停下腳步，拉正畢業生的領帶，調整帽子的位置，接受學生的擁抱，並擺好姿勢拍照。伊莎貝拉露出帶酒窩的笑容，調侃的說：「塔文納校長，你到底什麼時候才會停止為我們操心呢？」我戳了戳她，回答：「我也不得不停止了啊！你們已經要離開了。」想到這裡，我的心緊縮了一下，於是趕緊在情緒開始氾濫前，移步去找下一位畢業生。

禮堂內擠滿了觀眾。當我們從走道上走下來，某人開始鼓掌，之後所有人都從位置上站起來。我看著畢業生家長的臉，試著想像：「如果我兒子瑞特可以跟我一起像這樣子走，我會有什麼感覺？」今晚，我瞥見他和他父親坐在前排，這五歲的小男孩瘋狂揮著小手，想要引起我的注意。

等到沉重的暗紅色簾幕終於升了起來，畢業班學生全體出現後，全場觀眾爆出了喝采聲。當司儀請我致詞時，一直勉強控制住的情緒終於潰堤，淚水開始從我的雙頰流下。還好，每個人都習慣了這樣的我。「塔文納校長很愛哭唷！」學生每一年都會對新生如此解釋，「她就是沒辦法控制自己。她超愛我們的。」

我的致詞很簡短，因為這一天的風采並不屬於我。講台在整個儀式期間不停旋轉，讓每位學生都可以被看見；這是要讓他們知道，每一個人都很重要、都被珍視——這是頂峰高中的任務之一。每位導師都會說出自己帶學生的小故事，當每位畢業生走過講台時，投影機就會播放關於她／他的成長照片：先是小時候的照片，最後是高年級的照片；同時，錄音機會播放那位學生自己選擇的一句名言，為其這階段的旅程下注解。

我**認識**所有這些孩子（或者該稱他們「年輕人」了）及其家人。我知道他們的想法，知道他們會怎麼寫作、說話及表現。我知道他們在乎什麼，也知道他們害怕什麼，還有他們一切已養成與還在努力培養的習慣。我了解他們的夢想，明白他們想要從生活中獲得什麼。儘管此前我已參與過無數次的畢業典禮，但在我的教學生涯中，這是我第一次真心**知道**，他們每個人都已經準備好上大學，準備好成年。

觀眾在離開大廳的時候，自發的形成一個人群隧道。畢業生出現的時候，會迎見通常只有明星運動員才能享受的震天歡呼聲響。每位畢業生進入隧道後，接收到一雙雙手熱烈搖動的鼓勵。從隧道末端出來後，他們已準備好面對下個階段的生活。

我看著畢業生，為他們一路走來的成就感到讚嘆，突然也意會到，自己竟也跟著他們一路走了這麼遠。

一九七〇年代末期，我還是個小學三年級的學生，有一天，我的老師要我從全班同學中走出去。那時的老師年輕、美麗也很受歡迎；她用玳瑁髮梳把一頭羽毛狀的金髮盤到頭後面，穿著很時髦的喇叭牛仔褲，腳踩著一雙厚底楔形鞋：她喜歡蝴蝶，也用蝴蝶裝飾教室。當時絕大部分的女孩，都希望自己能跟老師一樣，在我記憶中，她就像高塔般矗立在我前方，交疊著兩個臂膀，身體斜靠在教室入口外側的一個櫃子上。我垂著頭站在她面前，兩眼盯著地面，感覺自己無所遮蔽和一臉緊張。

她以緩慢而冷靜的速度說：「黛安，我今天找你說話，是因為你沒有專心聽課。你沒有做自己該做的事。」老師停了一會，我感覺整個人被她的目光穿透，並做好心理準備面對接下來要發生的事。她深吸一口氣，繼續說：「而且，你全身髒兮兮的。如果你不改變自己的行為，不會有光明的前途等著你。」

老師或許是想激勵我（或至少是嚇阻我），所以採取行動說出了這些話，但她不知道的是，那星期早幾天，我父母在家中又起了衝突，只不過這次特別激烈。我的母親受了傷，警察帶走了我的父親，這次，他直到隔天早晨才回到家裡。我很害怕，不知道父親回家之後還會發生什麼事。我不想要猝不及防，焦慮逼著我保持清醒，無法入睡。我之所以沒有洗澡，是因為不想在全身光溜、毫無防備的時候被父親抓到。老師說的沒錯，我沒有專心在自己該做的事情上。我全身骯髒是因為嚇壞了，如今，我卻只感到羞慚。

然而，那一天我沒膽量回應老師。我沒辦法說出自己的故事，沒辦法尋求幫助，沒有言語或力量去改變自己的狀況。因此我走回教室裡，坐得離大家遠遠的，別人就不會被我身上的氣味困擾；同時，我盡最大的努力完成練習題。

從統計上來說，我不應該撰寫這本書的。辦學校的目的不是要資助像我這樣的學生。我原不該獲得完成的學位、得到擁有的職位，或是和這群很榮幸能成為同事的人一起工作。我很幸運，在關鍵的時刻，一些重要的擁護者在我身上，看見了我自己看不到的特質。可幸的是，我做過的糟糕決定和悲慘的原生家庭，還不至於讓我的人生破碎到無法修補的地步。

我跌跌撞撞的走過求學時期，設法進入了大學主修心理學，試著理解我自己及我的生活。為了在普通教育學程上賺取額外的學分，我在當地一間小學做志工，並在那裡第一次體會到幫助其他人學習的喜悅。我永遠不會忘記那種感覺，它足以驅使我抓住每個當志工的機會，時常熬夜為「我的學生」準備課程，自己的作業卻擱置在一旁忽略了。

我之所以會成為教師，是因為覺得可以為像我這樣的孩子帶來改變，並認為自己可以了解他們的故事。我想像自己守護著這些孩子，如此，他們就不需要經歷我感受過的那種恐懼。更重要的是，我認為自己可以運用本身的學位、受到的訓練和幫助，來改變孩子的境況，斷開那些我學到和理解到的「徒勞的生活循環」。

在開始教書的前幾年，我理解到自己的目標有多麼崇高和不切實際。基本上，我根本**沒辦法**認識每一位學生。這麼多孩子到我課堂待上五十分鐘，我也只有這些時間能了解他們在課堂外的情形，剩下的十分鐘則在我的掌握之外。等到我真的認識了學生、知道了他們的問題，卻沒辦法具體幫助他們什麼。更糟糕的是，他們甚至不一定**希望**我這麼做，他們想要的是有發聲的機會、有能力幫助自己，一如我先前想為自己追求的。

這些早期的教學經驗很令人洩氣，甚至可說讓人心碎。我帶著孩子們勉強拿到了文憑。當時那種感覺像是取得了巨大的成就，但想當然耳，「勉強」還是沒有好到能進入大學，或是找到一份工作。我也遇到一些明知根本不可能畢業的孩子，對我來說，等在他們眼前的未來已經一清二楚。高中休學的孩子不太可能找到工作，不太可能賺到生活需要的收入；較可能變得貧窮窘迫，也較可能倚賴政府的補助、遭受健康問題帶來的折磨。我知道這些，卻找不到自己能實質提供幫助的方法，並對此大失所望。

並不是只有貧窮的孩子在苦苦掙扎。我在執行一個暑期閱讀計畫的時候，見過許多家境富裕的孩子，在傳統教學方法之下，跌入許許多多的巨大裂縫。我見過超級發憤努力的孩子，他們顯然對「真心學習」沒興趣，一心只想要好成績。我見過準備離家讀書的高中畢業生，知道他們一定會經歷幾番挫折，因為他們的生活太過倚賴成年人，以至於無法自立。不管怎麼說，現實看起來就是：我們正在失去各階層的孩子。為什麼我們不能想方設法，幫他們準備好成為大人、準備好奮發前進呢？

談到教育，就會出現許許多多指責的聲音。有人責怪父母把無自制力、飢餓、疲倦、沮喪、耽溺於手機，甚至有更糟行為的孩子送到學校；有人責怪學校沒有維持最高標準，沒有要求所有孩子達到這些標準，也沒有維護孩子的安全；有人責怪政府沒有在教育上投入足夠資金，導致整個社會走向貧窮，也造成社區崩壞。我寫這本書的目的，並不是要火上澆油、增添更多指摘。事實上，我是以敬畏的心看待美國創造出來的景況。我很好奇，我們所創造的成功，是不是反而讓我們成為了受害者。

綜觀美國歷史裡的絕大部分，多數民眾生活在貧窮之中。我可以從自身經驗告訴你，任何一個經歷過窮困的人都知道：沒人**想要**成為窮人。當你處在貧窮之中，整個生活的意義就在於「活下去」，努力讓你自己（或至少讓你的孩子們）脫離貧窮。二十世紀初，許多美國人首次得到一個寶貴的建議：「讓你的孩子準備好迎接工業經濟，把你的家庭拉出貧窮。」雇主需要有技能的員工來上班，高中畢業的工人則得到使自己躋身中產階級的工作，大家都開心。

以往由教育程度最高的鎮民指導的單一教室學校，被更嚴格的教學方法取代了，以確保教學內容涵蓋基本科目，讓學生適應工廠的生活。以這種教學法教授同樣科目的學習方式維持了好一段時間，做為「較新發明」的教科書，統一知識的標準。受到工廠生活方式的啟發，學校以上下課鐘聲確保每個人能準時，在工業風格的置物櫃裡擺放個人物品，透過一次次測驗將學生分類、分級。沒錯，這就像一條生產線，多數人從學校畢業，就只為了得到這樣的工作。

其中的權衡意味再清楚不過了，從眾行為贏了個體性。從系統重視的片段式技術區分出的優異學生和差勁學生，並沒能從學校獲得自己需要的知識，因為這些技術並不真是為他們而設計，更像是為了處在中間的「多數」學生而存在。文化涵化取代了文化歷史和家庭價值。在這當中，家長的角色是要確保自己的孩子能順從：乖乖上學、安坐下來，保持安靜，不然就慘了。孩子在學校可能無法完全做自己，但他可以得到回饋（躋身中產階級）也相當值得。家長期望孩子能幫忙家計，或許哪天還可以買間房子。他們的夢想就是如此，既真實且珍貴。

不是每個人都可以從高中順利畢業，不過這也不是什麼大問題。就算無法達成躋身中產階級的夢想，農地還是需要有人去耕作。如果拿不到高中文憑和工廠差事，種田也不失為另一條光采的道路。社會需要一個系統，用以區分誰應該得到怎樣的工作，因此「追蹤」孩子的在校表現就不算是弊病，反而是洞燭先機。那些少數表現優異的菁英往往可以進入大學，最終成為在工廠做事同學的主管。

到了二十世紀後半葉，社會的價值觀開始改變，從工業經濟轉型到更大的全球經濟。得到高中文憑和在工廠工作的資格已經不夠看了。此時的經濟型態偏向以服務和資訊為主，雇主對於員工的需求也跟著改變。

在一九五〇年代，雇主心目中的理想員工，需要的技能包括：

1. 可以長時間快速工作。
2. 對於細節和指示有絕佳的記憶力。
3. 數學運算能力。

但根據《富比士》雜誌，二〇二〇年需要的員工技能是：

1. 解決複雜問題的能力。
2. 批判性思維的能力。
3. 創造力。
4. 人際管理能力。
5. 與他人合作的能力。
6. 管理自我和他人情緒的情緒商數。

雇主的理想員工要有創新思維、獨立性和決斷行事的主動性。這些技能需求，在我們祖父母的年代可從未出現過。這些經濟改變的衝擊帶來嚴重的後果：人民靠農產品和務農過活的舊選擇很快消失不見，取而代之的是工業化和高科技農業型態，以及全球競爭。

所有人都**必須**完成高中學業，更甚者，既然靠高中所學的技術愈來愈難找到好工作，「勉強通過測驗」的成績也不再是優勢，一個人在課業上必須很出色，才有機會前進。因此，一場為了進入大學就讀的核武級競賽開始了。學生最優先的目標不是高中畢業，而是讓優秀大學接受自己的入學申請。標準公式是優異的在校成績、優異的測試成績、一大堆的活動參與，以及校外課程。其他人做的事你都要做，只不過要做得更好。

隨著經濟型態的改變，人們也改變了。一九四九至一九六九年之間，美國中產階級家庭的實際年收入成長了幾乎一〇〇%。接下來的好幾年，孩子長大後的成就比自己的父母還要更好。在今天，這成了一種期望。比起七十年以前，我們今日懷抱各種不同的夢想，是因為我們有能力可以這麼想，這可是件值得慶祝的事情。因為當你只能專注於填飽肚子、找地方遮風擋雨、有衣服可穿的時候，幾乎不可能奢望擁有一個豐盛圓滿的生活。一旦人們有能力滿足基本的需求，就會開始想要更多的東西，夢想更大的目標。

工廠差事和擁有一間房子已不再能滿足現代人。如今，我們想要一份有意義的工作，因此要把日子花在自己覺得重要也喜歡的事情上。在這過程中，我們也想要活得更久、更健康及更活躍。我們想跟自己在乎的人更親近，想要成為社區的一份子，想要被人理解與接受。我們不想在財務穩定上做出妥協——沒人會只因想獲得快樂而發誓謹守清貧，不過我們如今也明白，自己不應該只能選擇其一，而是可以同時擁有。

美國建立在「讓每位人民享有居住、自由、追求幸福等基本權利」的前提上。然而，這國家仍必須對許多國民實踐這承諾。在工作機會分布不均的情況下，家長和教育系統一次次的合作，幫助孩子預備好去追求自己想要的生活。不過當情況有所轉變時，我們卻沒有跟著適應。在我教書前十年中，我親眼看到它帶來的嚴重後果。如今，即使是在「好學校」就讀的孩子，也得夠幸運才能進入頂尖大學讀書、順利完成學業，感覺自己準備好進入人生下一階段。這是因為學校現今不再為孩子和家長服務——那已是不可能的任務了。

我很清楚，「運氣」不是一個國家聰明的策略，一定還有更好的方法。

頂峰高中成立之初，我們就不想「只為」自己的孩子打造些什麼。我們相信高中教育的進化版，是讓每個孩子預備好上大學、預備好過一個豐盛圓滿的生活。「圓滿」生活的一部分，是一個孩子想要居住其中的世界。我們冀望自己能幫助孩子們做足預備，成為對社區、社會有所貢獻的一份子。我們想要能回答下面這些問題：在變化急遽的經濟情勢中，一個人需要擁有什麼樣的技能？一個人該如何擁有財務有保障且充滿意義的生活？一個高中生要如何理解自己是誰，以及想要從生活中得到什麼？什麼叫要從事感覺有意義的工作？

我們知道，首先需要成立一間可以做到這一切的學校。不管我們的學校目標為何，都不該是一間特色高中：它必須要獨特，也要能完全被複製，而且一切費用都該屬於公立性質。我們不只是設計一間學校而已，更是要踏出第一步，讓大家看見各種教育孩子的可能性。我們決心創造一個能照顧到所有學生的環境，創造一間每個人都能被群體認識和接納的學校。我們不只想教孩子具備進入大學所需的能力，也要教他們未來過圓滿生活所需的能力。

同樣重要的是，我們知道唯有學校和家長成為夥伴關係，整件事才能成功。家長必須相信這間學校為他們孩子提供的價值觀。我們不能接受「有些孩子做不到」的情況，而必須建立一間會關注每位學生的學校。

我們的教學方法時常是不連貫的，這是來自矽谷裡科技專家免費提供的意見。我們記下企業家們的建議，也和研究動機暨思維領域的學者合作，並不時打電話諮詢或像粉絲一樣追蹤他們，好確定我們走在正確的方向上。我們把自己所學到的，應用於教育學生的日常實際工作上。我們理解到要如何幫助學生，建立並練習邁向成功（包括上大學）的日常習慣，但不以此為滿足。我們也展現了一種企圖心：如果你改變自己看待教育的方式，不僅可以讓孩子做好上大學讀書的準備，**也可以**讓他們為將來圓滿生活做好準備。這既有啟發性也更合常理：你真的**不**需要為了一個，而對另一個做出妥協。

這些點子理論上看來都很棒，但業界的同儕卻認為我根本是瘋了。我去參加聲勢日盛的「人人上大學運動」的學校領導人會議與聚會時，都被戲稱為「瘋子女士」。畢竟，你沒辦法光靠孩子有使命感，就能安穩送他們進入大學。

進入大學是一套「經過檢驗確認有效」的公式——在校成績和入學測驗成績。許多人相信，我們的工作就是單純盡可能讓學生達到這公式。但是到了某個程度後，這些同儕開始好奇了，因為我們在頂峰高中創造出來的成就，令人無法忽視。

我們學校（如今在兩州共有十一個校區）見證了真正卓越的結果。我要再次指出，我們的畢業生一〇〇%都有資格申請一間四年制大學，而錄取率則是九八%。頂峰高中的畢業生完成大學課業的比率，是全國平均的兩倍，這比我們學校裡少數族裔學生還要高出許多。

完成大學課業之所以能吸引眾人的注意，是因為這代表一個人拿到確保經濟收入的最好機會。但對我們來說，重點是**如何**幫孩子準備好這樣的成功：配給他們可以自力更生，過獨特且圓滿人生的能力。

頂峰高中的成功引起全國的注意。我們是美國教育紀錄影片《等待超人》中特別介紹的五間高中之一，多年來也被《新聞週刊》和《美國新聞與世界報導》在全國最佳高中排名上認可。我們獲得了「陳和祖克柏基金會（Chan Zuckerberg Initiative）」和「比爾及梅琳達·蓋茲基金會（Bill&Melinda Gates Foundation）」的支持。

人們時常問我們：「你們成功的祕訣是什麼？」我也發現自己在社交場合中，時常落入學校和教養方面的話題。人們往往不斷尋找祕訣和花招，希望冒險一窺體制內的神奇，好幫自己的孩子一把。我想，人們認為頂峰高中之所以成功，意味著我們一定已理解如何贏得大學入學考試的競賽，或是破解了學科能力和理解能力測驗的密碼。

當人們開始仔細描述他們在學校遇到的問題及家庭生活，冀求我分享一個解決問題的萬靈丹時，我就會開始侷促不安。多年以來，我的先生史考特已經訓練有素，在我發自關心說出可能嚴厲一些的建議時，他會挺身緩和場面，或是以頗有創意的理由，幫助我從討論中脫身。但是有一次，我跟幾個最親近的女性好友在一起時，他沒能在那裡出現並適時介入。

那晚的談話顯示出，我許多朋友的孩子都被老師要求，得花無數個小時去完成枯燥生硬的回家作業，這其實也是課堂上每位學生都有的問題。孩子對於寫回家作業沒有動力、洩氣、陌不關心。有些孩子會哭出來，而大多數孩子則是討厭上學，即使是表現優異的孩子也感到無聊。而這些都還只是**國小**的孩子哦！

母親們則是感到憤怒。另一方面她們也知道，如果孩子要得到進入好大學的機會，即使才在這個年紀，學校課業都必須贏過他人。再反過來說，權衡的心理讓她們發揮了能力的極限。她們沒辦法平心靜氣的面對這個事實：孩子必須把童年花在討厭學校，以及與之相關的作業上。進一步說，這些父母不想為了能夠留在體制內，而去推行這些自己從未真心重視的事情。

當她們尋求我的建議時，我實在不吐不快了：「我不知道要從哪裡說起。你們描述的每件事情都是錯的。整個系統其實需要完全再重新想過。」不過這些母親們對於問題的嚴重性非常清楚，她們已如專家一般，精確的診斷和剖析這問題。好友茱莉帶著只有母親會為孩子感到的挫折和憂鬱臉色，看著我說：「那麼，黛安，我該怎麼做？我沒辦法為孩子設立一間學校，也沒辦法讓他到你們學校讀書。我們把房子買在能力所及最好的學區，把所有時間拿來跟學校配合，這卻是我得到的結果。所以說，我該怎麼做？」

我聽完愣住了。她們跟我說這些，不是要聽我親口說這一切多麼糟糕，而是要我告訴她們，在這時刻可以為孩子做些什麼？我對於自己的遲鈍感到尷尬，同時也感到吃驚；有人想要做我們正在做的事，卻覺得**力有未逮**。之前，我們學校成立的過程非常辛苦，每一步都有阻礙。很多人不僅認為我們瘋了，更不吝於明白告訴我這一點。我從來沒想到，竟會有人不認為我們是一群瘋子。

我每天想著茱莉說過的話。有多少母親就像茱莉這樣？有多少家長認為要確保自己孩子成功的動力，必定充滿了權衡——儘管情況看起來明明就不對勁？有多少人屏住氣，一心只希望孩子能順利達成目標？父母和孩子感到的焦慮、壓力和憂慮的代價又是什麼？

在那一刻我唯一想做的事，就是讓茱莉孩子就讀的學校知道，他們對於自己的教學方式可以有另一種選擇。如果她的孩子無法到我們任何校區就讀，或許她孩子的學校至少可以「近似」我們學校。因此，我們創立了一個「頂峰學習」教學計畫，其他學校可以免費獲取當中的資源、課程，以及我們使用的工具。過去四年以來，四十個州裡有將近四百間學校接受了我們提供的資源。我們形成超過四千位教育工作者的大團體，彼此合作來幫助將近八萬名學生。不過這些似乎還不夠。感覺上，我們前進的腳步太過緩慢了。

我撰寫這本書的時候，我的兒子瑞特已經十六歲了。我只能想像他坐在觀眾席上，迎接自己在頂峰高中畢業典禮的日子很快就會到了。我不斷思考著，自己為他畢業後進入社會的階段做了哪些準備，以及頂峰高中又是如何幫我做到這一切的。我想到跟自己有類似情況的朋友們，本該和家長是夥伴關係的學校，卻沒能為他們的孩子，做好上大學和面對未來生活的準備。我的朋友們該怎麼做？我又該如何回答茱莉的問題？

本書是我目前所能給予的最好答案。過去十六年的旅程其實是趟遠征：設計一間可以真正幫助我們的孩子——所有的孩子——過著他們想過的生活、表現出自己最好的一面、盡可能達到成功，這樣，他們才能享有一個豐盛圓滿的生活。這種生活有著穩定的財務收入、有意義的工作、堅實的感情關係，以及健康的身體。雖然我們學到直接適用於「學校可以怎麼做」，但我相信這對家長「教養可以怎麼做」也一定深具參考價值。

在二〇一五年，快迅公司（Fast Company）將頂峰公立學校聯盟列入該年度最有創意的教育機構之一，我覺得這挺好笑的。首先，我們並不是一間機構，而是公立學校聯盟。再者，我真的不認為我們有什麼發明，而是把每件我們所知，在今日社會要讓人能完整健康發展需要的東西，以真正有效的連貫教學法整合起來。我猜，如果頂峰高中真有任何成功祕訣，應該就是這個了！

本書是我們到目前為止的心路歷程。我們從世界各地的專家身上學到許多事，更重要的是，我們如何將這些化為每日的行動和選擇，導引我們的孩子走向成功。本書也是屬於某些人的故事，他們依據自己的條件，想方設法擁有一個財務安全、穩定、圓滿和有意義的生活。我把自己的心路歷程分享出來，當中包括了我的童年、身為老師及母親（有一個兒子正度過高中最後幾年）等身分經歷的故事。藉由這本書，我希望你們能聯繫一群相信「成功」有更新穎、更寬闊定義的團體，而你也能知道如何為成功做更好的準備。

不管你是老師、家長或關心這議題的民眾，我們的教育已危在旦夕。一個強健繁榮的民主體制，需要見識廣博及願意參與的民眾，他們明白自己選票與聲音的價值。在所有因為「美國到底偉大與否」而引發的盲目支持與意識型態爭論中，我們時常在「什麼對我們社會更重要」議題中亂了頭緒，答案應該是**人民**。

大家都關心政府扮演的協助角色到底應該是什麼，卻忘了若個體能夠自力更生、自我實現，就不需要太多的協助；我們忘了若是個體能過一個豐盛圓滿的生活，對整個社區群體與社會是有益處的。我們看見國家的情況往下惡化，因而引發了焦慮和畏懼，卻忘了看可以讓我們往上恢復光榮的東西。

我希望你們能把這本書當成手冊、指南、地圖，做出判斷並採取行動。讓這本書幫我們記住：當我們為這些在每方面**做足了預備**的年輕人舉辦高中畢業典禮時，我們所有的人（而不光是孩子自己）都一定會得到相對的收穫。

第二章

因為光是好心、善意還不夠

就跟許多菜鳥老師一樣，我注定要失敗。

位在洛杉磯的霍桑高中（Hawthorne High School）給人的感覺就像一座監獄，面積廣大的校園，四邊全蓋起了十英尺高的鐵圍籬，其中還有一條鐵路軌道穿過。每日可見的暴力行為和慣常的混亂，使這整個地方在生理和心理上都讓人感到不安全。我在那裡教書的五年期間，感覺理想完全幻滅，納悶自己還能否看見任何希望。我任課的所有班級都有四十名學生，擠在一間老舊骯髒的教室裡。由於學校長期師資不足，我得教一整天的課，毫無喘息的時間。我上課第一天拿到一包複寫紙、一盒二號鉛筆，以及一本一英寸的三環筆記本，上面寫滿了沒有任何說明或解釋的講義。此外再沒其他用品了。

我們的學生其實也注定會失敗。他們住在一個低收入的社區，在這裡跟他們有同樣背景的人，鮮少表現得健康、快樂，也沒有穩定的收入。學校四千名學生當中，只有極少數能懷抱

「可以上大學並找到工作」的希望，也難怪許多學生不願面對上學途中可能的危險，最後也往往只有一小撮學生能順利畢業。儘管如此，仍有很多學生和家長，每天都繼續嘗試著。他們沒有其他的機會，因此必須盡量把握住眼前的這個。如果他們想在生活中擁有一絲機會，就必須有工作和賺錢的能力——再說也不知道還有什麼其他辦法了。

我會選擇到這裡教書，是因為這些孩子比我以為的還要像自己。我少年時期就讀的南太浩湖高中（South Tahoe High School），距離霍桑這座大城市很遙遠。南太浩湖高中只有一千名學生，坐落於一座小山城裡。學校三面側樓被青蔥的森林分開來，看起來像是一幅完美的風景畫，可惜一年中大部分時間都被霜雪遮蓋住。由於嚴酷的氣候和對觀光業的完全倚賴，使這裡的社區主要是「另類」的低收入家庭。若沒跟來這裡滑雪的有錢人做對照，這裡的多數人不覺得自己過得窮苦。

然而，這所高中沒有比霍桑高中來得更安全，或是更能培育學生。在這裡，學生打架的場面司空見慣，霸凌行為更是校園日常。我在那裡幾乎不曾使用過廁所，因為裡面擠滿了人，到處都是煙霧，感覺就很危險。我們的置物櫃是唯一感覺自己擁有的東西，即使如此，也仍不時會被人撬開、破壞。在第三年的時候，一位臥底緝毒警官破獲這裡一個販毒集團。這所學校每個年級只有一個資優班，能進去的名額非常有限。

在霍桑高中教書的日子，我常想起自己在南太浩湖高中讀書的歲月。身為高中生，我可以感覺到各種難處，卻不去理會它們。專注於讓自己順利畢業，好離開這地方去追求更好的生活。我來到霍桑是自認跟這裡的學生有共鳴。我選擇在一個艱困社區裡的高中教書，是因為覺得可以幫助跟我一樣，人生想要有出路的孩子。我把自己會的東西全部分享給我的學生、班級，以及超有敬業精神的同事們。平時我都是在黎明時分起床，教一整天的課，監督課後活動，晚上則用來備課和批改作業。到了週末，我會報名上課和參加研討會，後來甚至開始教起那裡的老師。我持續不斷尋找更好的教學方法，用來幫助我的學生。

到了星期五下午，在結束無可避免的辛苦一週後，老師們會在本地一間墨西哥餐廳聚會，有時本地其他高中的老師也會加入我們。我注意到大家談話中逐漸浮出的模式，聽起來，我們就像是在戰區工作一樣，對話中不時可聽見「前線」、「戰役」和「徒手搏擊」等詞彙。我不能否認那感覺如此真實，甚至發現自己也把行政人員稱為「敵軍」。後來，我發覺自己講錯時，會突然閉嘴，並感到很慚愧。整個事情似乎很不對勁，高中是幫助孩子準備成為大人的地方，而我們要怎麼在「戰區」做到這件事情呢？關心孩子的老師們，又怎會在面對每天遇到的惡劣狀況中，變得如此遲鈍呢？

或許其中最令人不安的事情，是大家對自己學生的期望，似乎隨著每週的過去而下降。談話內容從「要幫孩子做好上大學的準備」到「希望他們能畢業並找到工作」或「希望他們可以學會閱讀，以及寫簡單的散文」，最後變成了「祈禱他們能活下去」。

我在教書的第五年結了婚，因而開始思考自己家庭和小孩的前景。先生史考特傾向搬回北加州，離家鄉和家人近一些。在我們構想和計劃著未來時，我第一次大聲說出自己思考了一陣子的想法：「或許等到我們搬回去，我會試著做教書以外的事情。」

史考特疑惑的看著我：「你在說什麼？你熱愛教書，為什麼不繼續教呢？」

我遲疑了。我時常把自己一天工作的細節略過不說，他擔心我的安全，也一再看見我回家時一臉的心碎——通常是因為我費心教導的學生懷孕或坐牢去了。「我不知道自己還能堅持多久。」我說。

他小心選擇要說出口的字眼，因為他很清楚，我對於別人評斷我的學生非常敏感。「等我們搬家之後，你可以找找看一間比較不一樣的學校啊？找一間比較……有功能的學校。你何不先試著這麼做，要是真的行不通，再考慮永遠不教書的事吧？」

我點頭，但內心不確定自己是否真有辦法做到。

同年五月，史考特找到了一份工作，因此先搬到新家去，我留在霍桑高中完成該學年的工作，預定一個月後加入他那裡的生活，但仍沒決定接下來要不要繼續教書。接著，所有事情都改變了。

在經過特別令人洩氣的一天後，我一走進公寓，電話就響了起來，是我母親打來的，她說要告訴我關於父親的事情。我當下就知道事情不對勁，因為母親很多年前就跟父親離婚，而父親再婚後隨即搬到新墨西哥州去，我跟他之間多年來早已斷了聯絡。母親說話的同時，我整個人跌坐到地板上，她聲音顫抖的向我傳達蘿麗過世的消息。蘿麗是我的繼母，她在跟父親吵一些家務事的時候，被父親刺死了。她只有大我五歲，以前是個高中輟學生。

接下來的幾個月是我人生最可恥的時期。在試著消化這消息的同時，腦海裡最初升起的各種念頭和感覺相當赤裸、毫無修飾，也變得非常不像自己。

我雖然感到震驚，卻也不覺得意外，因為之前已見識過太多次父親失控的盛怒。我感到如釋重負，心想也許人們**現在**願意相信，我當初在成長過程中要面對的情況了。我厭惡自己竟會有這種念頭，因此趕緊掛了電話。

蘿麗的生命根本不該以這種方式結束。她出生在康乃狄克州一個中上階層的家庭裡。她擁有美麗的家、慈愛的父母，以及兩個非常成功的兄長，但由於某些原因，她無法適應學校生活。在我們短暫的相處中，她沒有透露多少訊息，但說過她從不覺得對學校有歸屬感——總覺得自己很愚蠢、無趣，彷彿學到的東西都無關緊要。蘿麗無視她父母的抗議，從高中輟學後就搬到加州，想尋找更有目標的生活。可悲的是，在她找到自我之前，就遇上了我父親。

我麻木的在公寓裡走來走去，心想著如果蘿麗有不一樣的高中生活或不一樣的老師，事情會怎麼發展呢？還會發展成同樣的結果嗎？我明白到，自己可千萬不能離開這份工作。

當我接受灣區山景城高中（Mountain View High School）英文老師的職位時，私心盼望這間擁有一千六百名學生的學校，不會有太多跟霍桑高中同樣的問題，這裡的學生在經濟、族群、種族上都大不相同。我心裡最想要的，不是只成為少數幾個孩子的良師，而是所有學生的良師。因此，我需要在一間有機會讓這希望成真的學校教書。

校園對外開放，孩子在午餐期間來來去去，穿梭在學校鄰近的社區裡，有人走路，也有人騎腳踏車或開車。學生淡定的從這一堂課走去下堂課，休息時間則閒散的坐在草地上。隨處可見青春期的傷感焦慮、令人印象深刻的軍樂隊，以及各種運動和活動。我們不時會在電影中看見美國高中的「經典」校園場景，而乍看山景城高中的校園生活，你會以為《早餐俱樂部》、《歌舞青春》和《粉紅佳人》就是從這裡取得靈感。

我對自己在這所學校的職務，從許多方面來說是滿意的。首先，我不需要在課堂之間調解學生的衝突，而廁所乾淨且能正常使用；我上課的學生數目介於二十五至三十位，還可以在影印室裡拿到彩色影印紙，這讓人感覺非常奢侈。跟霍桑高中不一樣的是，這裡的環境很安全，學生不需擔心自己能否毫髮無傷的過一天。然而，我很快就明白到，從學生可獲得的「機會」這點來看，兩間學校的情況就很相似了。

即使山景城高中學生的學業測驗成績明顯高出許多，學校排名也好很多，但資優班和大學先修課程班，仍然只保留給少數學生。學校的介紹手冊宣稱，有九〇%以上的畢業生繼續升學，但我深入了解之後，發現這些數據的來源，只是學生在校最後一年下學期的自我未來規畫報告。事實上，這裡只有四〇%的畢業生，試圖完成四年制大學入學資格所需的課程，絕大多數的學生根本沒為讀大學做準備——即使他們讀高中的目的就是想升學。

身為教師，我不認為自己有力量改變這些事，不過很明顯的是，這些情況似乎也需要被改變，因為它們影響了我的學生邁向成功的能力。在我看來，學校的管理者才有這種力量，因此我決定要自己成為管理者。我報名了史丹佛教育研究所進修，同時也在學校擔任副校長的實習角色。我不想讓自己又落到想辭職不做的地步，也不想變得自滿，因此盡可能朝著「成為最佳校長」的目標前進。

我試著實踐自己學到的每件事情，但要讀懂書中各種想像的理想制度、學校和課堂比較容易，要真正落實則困難許多，尤其是在同僚不再把我看做老師的情況下。有一天，當我走進教師休息室的時候，一群老師領袖請我把我的書桌移走。他們解釋，雖然我仍有半數的時間在教課，但現在是屬於行政系統的一份子，他們不希望我偷聽老師們談話的內容。我感覺失望極了，我之所以接下這職位，是為了服務這些老師，但他們竟然把我看成問題的一部分，我為了讓他們邁向成功而做的每件事似乎沒維持太久，甚至是無關緊要。

我完成實習的那一年成為了副校長，而在第一年擔任這角色的學期末，督學集合所有的管理人員開會。我是其中年齡最小也最資淺的一位，因此大家顯然希望我聆聽就好，不要說話。

手邊要討論的議題，是關於家長擔心整個學區的種種改變。督學開啟了討論，商量我們可以用什麼方法來處理這些家長。

我對這樣的場合感到很興奮，忍不住脫口而出：「我們可以舉行居民大會，把做出這些改變的所有理由跟大家分享。我們在做的事情都是對孩子有益的，也有很好的理由。家長可能還不清楚這一切，因此我們只需要和他們分享就行了。」

語畢，整個室內一片沉默，所有目光都注視著我。督學沒有一絲猶豫，直接看著我說：「這是我聽過最蠢的方法了。」他接著繼續侃侃而談。那些經驗老到的同僚，帶著滿足的竊笑聲和心照不宣的表情，清楚散發出「那菜鳥根本不知道自己在做什麼」的訊息。我感到尷尬和憤怒，認為把家長帶進來並和他們一起努力並不是蠢方法。畢竟，我們追求的不是同一件事嗎？

幾天之後，督學邀我一起吃午餐表達歉意。我們在本地一間三明治店的雅座坐了下來，之後他跟我解釋，他退休的時間到了，雖然對整個教育很挫折和失望，但在生涯任內已沒時間採取新的解決辦法。他說：「如果我還年輕，從現在重新開始，我會用不同的方式做事。現在的制度崩壞了，根本不是在幫助孩子發展他們未來所需的技能與知識。」

他咬了一口三明治，若有所思的咀嚼著，接著又說：「如果可以重來一次，我會從頭開始做起。」

隔年秋天某個大清早，我和往常一樣出門上班。我通常都是在早上六點半出發，開一段路去學校；我喜歡抵達校園時，周遭仍一片昏暗安靜的氣氛。我可以用早上這段時間完成很多事，感覺為一天做好了準備，開始上課後就不用停下腳步。我計劃到學校前先去辦一件事，但後來卻專注在新聞上。等到回過神來時，我發現自己已來到學校的停車場，於是跑進辦公室，取出自己還留著的卡匣式收音機。插上插頭後，在轉著頻道的同時，我打電話給史考特，而他剛好沖完澡出來。「打開電視。有一件壞消息。」我說。接下來的一個小時，我們驚恐的聽著世貿中心雙塔倒塌的消息，那天是二〇〇一年九月十一日，星期二。

當天晚上，我和史考特在沙發上彼此擁抱著，看著我們對安全、治安的假象一寸寸瓦解。我們就跟其他國民一樣，還在試著消化這場駭人悲劇愈來愈多的細節，同時嘗試理解這對我們家庭會造成什麼影響。我那天後來還是去把該辦的事情給辦了——到藥局去買驗孕棒，證實自己確實懷孕了。我們即將把第一個（也是唯一一個）孩子迎接到完全不同的世界裡。原本這應該是喜悅的時刻，我抱著家裡的幼狗崽，想知道當自己抱著小孩，卻發現無法保護他時，那會是怎樣的感覺。

美國參戰了，而我的孕期一週又一週的過去。我會記下晚間新聞的消息，然後帶著「明天的世界會變成什麼樣」的納悶心情入睡。人們不斷問我，是不是已經開始準媽媽的築巢本能階段。事實上，我根本不知道他們在說些什麼，但就跟鳥媽媽一樣，我暗自希望那神奇的一刻會出現，而我就會突然知道準媽媽該做哪些事，然後動手去做。我很清楚知道，自己需要為孩子做好準備，但是當我沒有辦法想像未來的樣貌時，就不知道自己該從哪裡開始。

懷胎十月的時間似乎一下就飛逝了。或許我應該專注於找尋「孩子出生後的頭幾天，自己該做什麼事情」；也或許我應該直接往後跳，試著理解「當孩子人生被搞砸後的那幾年，自己該怎麼辦」。我每轉一次頭，就會得出不同且相互衝突的想法。

顯然的，我現在做的每個決定（包括我每一餐所吃的東西），都將影響我的孩子，但我還不清楚所謂的「正確」決定是哪些。有一晚，我們跟幾個同時經歷懷孕期、因事態複雜而混亂的朋友們共進晚餐，大夥針對「菜單上的魚吃了安不安全」這話題，發生了激烈的爭論。我安靜的坐在那裡，明白自己不清楚這些懷孕的媽媽們做了哪些事。我感到相當納悶，自己怎麼會在當媽媽之前，就先變成了壞媽媽？

我發誓要做得更好一些，而我的工作也比以往更加繁重，週末時我們不停整理家中的事物。我想，這應該就是為了「築巢」吧！我決定至少得就我所知，試著更精通對我孩子生活很重要的**某些**事。最後我選擇「教育」，理由顯而易見。

我們費了好大的功夫，在一個有「好學校」的社區裡買了房子。當我開始四方打聽，得知更多細節後才發現，未來若要讓孩子進入我每天開車經過的幼稚園，必須在外面紮營過夜，才有占到眾人垂涎位置的一絲希望。這社區的媽媽們告訴我，如果我想讓孩子上小學後被分到好老師的班級，現在就要開始自願加入募款委員會，如此才會對校長有影響力。想要進入適當的托兒所和音樂課，也有各式各樣的竅門。每件事情以祕密俱樂部的方式一般，被眾人低聲細語的分享著，因為位置只有這麼一些，而每個人都競相爭奪著。

我在和史考特吃晚餐的時候，突然大哭起來。起先，他以為是荷爾蒙的緣故（有部分原因是這沒錯），但當我說出別人給的所有建議，以及我聽到的事情時，他很快就發現情況不僅如此。

「這一切對我來說似乎太瘋狂了。」我說。「每個家長都想要他們的孩子成功。我想要我所有的學生們成功。當孩子失敗時，有誰會得到好處呢？為什麼一定要有贏家和輸家？」

那時距離我家二十英里的波托拉谷（Portola Valley），住了一位名叫克里斯．布哈（Chris Buja）的父親，他跟我有著同樣的想法。

第三章

因為這是可以解決的問題

對自己所住社區裡那些中學的情況，克里斯・布哈並不常想到。在一九九〇年代末期，他還有其他更多的事得操心。他和妻子從華盛頓特區搬到矽谷來，他在思科系統（Cisco）擔任工程師，妻子則在甲骨文公司（Oracle）上班。這對夫妻有個才要上幼兒園的兒子史班瑟。

在伊利諾州土生土長的克里斯，擁有划船手的挺拔體格、赤紅的頭髮及白皙的膚色，很快就跟他們保母的青春期兒子史汪處得很好。史汪喜歡寫作，從他拿給克里斯閱讀的故事來看，可知其文筆相當出色。二〇〇〇年，史汪從門羅—阿瑟頓高中畢業之後，希望進入聖荷西大學就讀。史汪的父親已經過世，而克里斯覺得對他有一種責任感，因此自願幫他準備大學的申請表格。

當克里斯深入進行了解，要幫助史汪申請這所學校的時候，卻發現史汪在校時期，並未選修進入加州州立大學系統所需的課程。當他解釋這些東西時，史汪搖搖頭說：「不可能會這樣，我大多數的朋友都沒畢業，但我畢業了啊！所以為什麼我不能上大學讀書？」

「等一等。」克里斯說。「我們先暫停一下。什麼叫你大多數的朋友都沒畢業？」儘管他先前已聽許多家長們抱怨能選擇的高中學校不多，並為此感到不高興，自己的警示雷達卻不曾有太多反應，因為他的兒子還太小。不過，像史汪這樣在校努力用功的好孩子，竟會不知道要選修州立大學所需的課程，才有資格申請入學，克里斯對這一點感到很震驚。還有，如果史汪多數朋友沒畢業的情況屬實，整個情況就比克里斯了解的還要嚴重。

跟史汪談過之後，克里斯很快和社區居民參加一場由本地報紙發起的會議。《曆書週報》想知道居民關心但報社沒有涵蓋到的議題，一位女士站起來說：「你們沒有報導最大的問題：高中學校。大批居民不斷離開這裡，就是因為對這裡的學校不滿意。」克里斯受到了啟發，在一間高中的電子報貼出家長會議廣告，想看看「高中問題」可以怎麼解決。

有三十位家長與會，另外約有三十位家長雖然無法出席會議，但表示同樣感到憂心。這團體一下便增加超過兩百名的家長。他們擔心學生數量過多、學生的安全、學生對課業的厭煩感，不過還不止於此。多數家長都覺得，學校的表現整體來說偏離了方向，沒幫助孩子預備好面對即將進入的世界。當然，家長想讓自己的孩子上大學，但也希望孩子擁有良好的生活。學校似乎沒能力教導學生必須學會的技能。

克里斯和其他家長納悶為何會如此。企業公司迫切需要有資格的人來填補待遇優渥的工作，因此會遊說政府發給外籍員工更多簽證。那麼，為何門羅—阿瑟頓高中不能在社區裡，為孩子準備好這些角色呢？

這群如今組成「社區高中基金會」的家長衡量過許多的選擇，認為成立一間公立的特許高中，會是達成這目標最不昂貴也最快速的選項。即使他們還沒著手成立學校，這選項顯然已是最佳答案。基金會承認不知該如何設計或經營一間學校，因此第一步就是尋找能做到這些事的人選。他們向史丹佛教育研究所尋求建議，一位教過我的教授要他們和我聯繫。

平常，我們不太有機會把「好奇有哪些事可能成功」做為起點。身為教師、家長和平凡的人，我們多數是待在「有哪些事是成功的」範圍內。但在讀研究所期間，我最喜歡的教授賴瑞·庫本問我：「如果事情沒有限制，會有什麼樣的結果？」他課堂裡的一樣功課，永遠改變了我的思路。那時我必須寫一篇文章，回應乍看很簡單的問題：「什麼能稱得上是『好學校』？」

多年以來，我不斷指出在任教學校清楚看見的各種問題，並嘗試去修補，卻從未停下來想，如果這些學校真的很好，它們應該會是什麼模樣？我可以在一張白紙上設計（而不是修補）一間學校。這樣的機會實在令人興奮，當然要肩負的責任也很嚇人。

我跟基金會分享的願景，是從我設計的「好學校」開始，這是基於本身的經驗，再加上於史丹佛學到的科學研究。儘管大家有各自不同的經驗，成立基金會的家長們和我都追求同樣的事情，也分享著同樣的願景。

當家長們請我領導基金會的學校時，我難以克制自己的興奮和害怕。我和史考特約定，儘管我很想要這份工作，多過其他任何東西，但除非基金會能接受我懷孕的事實（他們這時還不知道），否則我就不會接下這職務。我很明白這情況很可能讓家長們卻步，因為他們在我身上可是下了很大的賭注，對我的期待也很高。我不知道當了媽媽後，事情會有多少變化。萬一我做不來呢？

我在家裡附近的星巴克和三位基金會代表見面，同時告訴他們自己懷孕的事實，並表示如果他們想取消這提議也沒關係。我非常尊敬這麼多人辦到了這一切，可不想讓它毀在自己手上。我永遠都不會忘記當時他們臉上的表情。首先，他們的眉毛皺了起來（是表示洩氣或困惑？）接著彼此交換了目光。最後，克里斯說：「你懷孕的話就再好不過了。你現在成了家長，我們恭喜你，也歡迎你加入！」

我人生的方向即將改變。

二〇〇二年五月，我的第一個孩子瑞特誕生了。七月一日，我開始為自己考慮稱為第二個孩子的「頂峰高中」，著手進行發展事宜。我們有一年多一點的時間找棟大樓、規劃教學綱要和課程、聘請教師職員、招收學生，以及確定創校基金無虞。我們得跟競賽一樣，把所有事情如期完成。

我在招收各家庭到我們的新學校就讀時，答應了很多事情。首先是保證每一位在頂峰高中畢業的學生，都能進入四年制大學就讀；每一位學生都會很熟悉自己的導師，反過來也是如此，導師會跟他們一起努力，整個四年期間引導他們前進；我答應所有的學生都會學到學術技能，以及在現實生活中需要的技能，好讓他們能邁向成功並對社會有所貢獻。

我的手機號碼是聯絡頂峰高中的唯一管道，因此我全天二十四小時會接到家長打來詢問事情，或是跟我約時間見面。我很快就發現，會來找我的大多數家長，他們的孩子都就讀於運作不順暢的學校。他們說：「我的孩子比較不一樣，我想知道你們學校能幫上什麼忙。」

萊恩的父母告訴我，他們很擔心兒子只是變成一個數字，淹沒在一間萬頭攢動的大學校裡，無人關心。

萊恩是個開朗敏感的孩子，在蒙特梭利學校時一直是充滿好奇心的優秀學生，他的父母實在難以想像，一旦把他送進有多層教室的擁擠學校，他在那裡會不會像在「磨坊」——照他們所形容的——裡被操練得死去活來。他們擔心這樣會壓垮兒子的靈性，希望學校能看待萊恩為一個完整的人。我答應他們，頂峰高中是適合萊恩的學校，我們會在學術上給予磨練，但不會只在意他的成績表現。

瑪雅的母親擔憂的，則是完全不一樣的事情。瑪雅是個嬌小的女孩，而臉上戴的厚眼鏡，使她的一雙大眼更為明顯；她來自於中產階級家庭，先前讀的是相當不錯的小學，但是她在課業上始終讀得很吃力。當瑪雅被診斷出有閱讀障礙時，母親把她轉到一間專精於閱讀障礙的查爾斯．阿姆斯壯私立學校。「瑪雅很聰明也很有趣，但沒人知道該拿她怎麼辦。我認為沒有人真的相信，她可以有所成就。」母親這麼說的時候，瑪雅會意的在一旁聽著，這家人非常坦誠，因此瑪雅並未被母親說的話嚇著。接著母親問：「你們的學校適合她嗎？」

「完全適合。」我如此回答，接著向她解釋，每位學生都會有為自己量身打造的「個人化學習計畫（Personalized Learning Plan，簡稱ＰＬＰ）」。我們會考量瑪雅需要及想要的能力，並確保她兩者兼得。「你不需要費力讓她進入適合的班級，我們有能力支持她讀完高中。」我這樣保證。這位母親一路走來飽受磨難，她知道自己的孩子很棒，卻在學習的路上跌跌撞撞。她想要給孩子最好的教育，因此花大錢送她到查爾斯．阿姆斯壯學校就讀。

如今我告訴她：「不要擔心，我會確保瑪雅能上大學讀書。」她抱持些微的懷疑接受了這承諾，但我相當認真看待這承諾。

跟我見面的許多家長，看著自己孩子就讀學校的以往畢業狀況，明白他們如果選擇這條路，孩子將毫無機會上大學。他們願意在頂峰高中碰運氣，因為已沒有什麼能失去的了。在這類的父母中，有位家長是撫養兩個女兒的單親媽媽，其大女兒珍妮佛，在學習上極為吃力、身材相當笨重、不善於社交，並在認知上有明顯的缺陷。珍妮佛隨身攜帶一個推拉式的後背包，每當感到興奮時，就會把拉桿推上拉下的移動。任何老師都立刻建議讓珍妮佛接受檢測，但她母親明白的告訴對方，自己不會這麼做。不出所料，珍妮佛在學校過得很辛苦，每當她在學習或社交上碰到阻礙，這位過度保護的母親就會將她轉去另一間新學校。「別擔心，我會確保珍妮佛上大學，但更重要的是，她不會受到欺負。」我說。

米格爾的母親沒讀過多少書，父親則不知蹤影。這位母親同時兼了三份工作，儘管因為身體上的疲累，讓她不甚清楚公立學校能帶給自己兒子怎樣的教育，但她知道那樣還不夠。米格爾很安靜，而且有很強烈的自我保護意識，讓我不知該從哪裡開始去了解他的故事。我知道他的中學生活很糟糕，後來才知道，他在以前的學校是重度吸毒者。我看著他的母親，告訴她：「我會送米格爾進大學讀書。」

接著是艾瑞克。他被診斷出得了白血病，沒人知道他會不會有未來。這疾病把他的家庭攪得天翻地覆，也改變了父母對他高中畢業後的想法，以及他對自己的想法。艾瑞克是家裡的獨子，這對高學歷的父母想到未來可能會失去兒子，不想讓艾瑞克接下來四年為大學先修課程奮戰，以免讓生活變得悲慘。我向艾瑞克的父母承諾，他們不需要選擇。艾瑞克不用一天花六到八小時做功課，也能接受高品質的大學先修課程。他們不需要為了確保孩子在未來成功，犧牲掉他現在的幸福。

最後，我們開校招收的八十名新生，不屬於傳統學校會歸入升大學的類別裡。但是這裡跟我先前學校不一樣的是，我已經認識了每一個學生和他們的父母。我花了無數個小時和這些孩子說話，因此知道他們的期望、夢想、憂慮和害怕。他們就跟一般的青少年沒有兩樣，每個人有著獨特的興趣、需求、優點，以及面臨的挑戰。我看著他們父母的眼睛，說：「相信我。他們會為升大學做好準備，也會成為良善又快樂的人。」我深信他們做得到。

在規劃學校事務的這一年裡，我和社區基金會董事會的一位家長金柏莉密切合作。金柏莉三個兒子年紀還小，但她就跟許多父母一樣，已經預先為孩子規劃高中的生活，並且花費將近兩年的心思，要把學校變得有趣生動。我每天都會跟金柏莉談話，有時一天還談好幾次。我在她家花了好幾個小時研究時間表、各種計畫和預算。金柏莉儼然成為這團體的領袖，她明白生意業務和事務的操作，但她並不是老師。我們相處的大部分時間，都是在談論我對這間學校的規畫。

金柏莉畢業於史丹佛商學院，似乎尤其關心如何讓自己的孩子進入頂尖大學。我很努力的幫助她理解，讓孩子獲准進入目標大學就讀的最好方法，是幫助他們發展使命感，並且從看待獨特個體的角度，去真正了解自己到底是誰。我告訴金柏莉，在幫助孩子發展上大學、工作和生活所需技能的同時，她就已經達成目標了。但金柏莉仍有所懷疑，因為這跟她的自身經驗很不相同。我開始擔心，她其實不相信我們試圖做的事。

有天晚上，金柏莉打電話給我，談論一個讓她過去幾天很困擾的「重大憂慮」。她想要完全弄清楚，我打算怎麼讓頂峰高中成為升大學的預備學校，畢竟我們招收到的很多學生，算不上是升大學的料。我們兩人在電話裡談到深夜，花了一個又一個小時，談論接下來幾天與幾週的規畫。這通電話是我們合作瓦解的開端。

當我們學校愈接近正式開課的時間，每個人都感覺整件事變得愈真實（與嚇人）。金柏莉內心深處並不相信，每個學生都可以為上大學做好準備。她相信學生為了能被大學錄取，必須具備某種程度的準備和能力，如果學生到了八年級仍不具備這些能力，要不是沒有天分，就是不夠努力，這樣是不可能在高中裡取得成功的。在她心目中，我們必須要找出辦法，只接受有能力上大學的學生，不然這間學校一定會失敗。

我感到相當震驚，覺得自己好像又回到那個星期五下午，與霍桑高中老師們聚餐的那間墨西哥餐廳，四周充斥著對學生期望日漸下沉的氛圍。但是這一次，我已經向八十個家庭保證，我會幫助這些孩子做好上大學的準備。我已經做出承諾，讓一切回到原點是不能被接受的，我不會做出自己做不到的承諾。

開學前一天的晚上十點，金柏莉寄了一封電子郵件給我和董事會。她說這間學校「注定會失敗」，因為我招收了一群永遠無法上大學的孩子，他們會扯其他有能力孩子的後腿。儘管沒有明說，但她默認自己不會把孩子送到頂峰高中來。畢竟我們若得忙著處理其他孩子的問題，又怎麼能滿足她孩子的需要呢？

我感到憤怒、被突擊、不受支持，同時也有一股更加堅定的意志。我心裡想著，**不要說我做不到什麼事，我會證明你錯了**。決定頂峰高中未來的戰爭開打了，我下的賭注從未如此高過，而我也沒打算輸。

然而，我感覺被金柏莉的看法給迷惑了。想做一件看起來不可否認的好事，為什麼會如此辛苦呢？我們幫助孩子所用的方法，相信所有家長都希望自己孩子能被如此對待、教育，為什麼會有人和機構試圖阻擋我們呢？為什麼金柏莉會覺得，她可以期待自己孩子上大學讀書，但其他人的小孩就不可以？在接下來的好幾年，每當我遇到和金柏莉思維一致的人，都會感到同樣的困惑。

幸好，董事會抱持不一樣的態度。金柏莉的擔憂引發長達六個月的會議和討論，董事會最後踏出了第一步，正式確認頂峰高中的課程設計和方向。金柏莉是這些成員的朋友和鄰居。他們的孩子是彼此的玩伴，大家週末還會聚在一起。要他們為自己小孩尚未就讀的學校破壞彼此的關係，實在是很不容易的事情，而這一切只為了一個對他們來說還很陌生的女人，以及八十名學生（其中好幾名在第一學期時，真的學得很吃力）。事實上，他們的確在過去十六年裡，給了我所需要的勇氣和認可。

當董事會採取行動之後，金柏莉立刻辭去職務。當我站著讀金柏莉的辭職信時，我母親常講的警告，不斷在我腦海裡打轉：「你可能贏了一場戰役，卻失去了整個戰爭。」

在我們最新的董事會討論中，一位成員說：「黛安，你對一間很不一樣的學校團體有願景，這願景比我們今天擁有的還要更好。我可以看見你的願景，就好像是一輛美麗的馬車，非常完美，每個人都想乘坐。但事實是，我們真正擁有的這間學校才剛開始，此刻它根本算不上美麗，反而像一輛搖搖晃晃的馬車，讓人感覺乘著它旅行並不安全。無論你描繪的畫面多麼美麗，多數人不會把孩子放進一輛搖搖晃晃的馬車上。因此要請你盡快建造出美麗的馬車。」

我們已經贏得權利，可以建造這間我們想像中的學校。更了不得的是，我喜愛的工作與個人價值觀是如此一致。讓我用珍惜和支持自己孩子的方式，建造一間珍惜和支持每個孩子的學校，正是我一直追求的理想。但是，我們還沒把它建成。而我很快就會明白，如此辛勞努力才走到這一步的艱辛，跟接下來幾個月乃至幾年所面對的挑戰相比，根本不值得一提（完全是小巫見大巫）。真正的工作才剛開始。

第二部

如何做好準備？

我不是很清楚衛星導航（GPS）發明的過程，但知道這發明將我的生活帶往更美好的方向。這小東西最開始可以讓我擺在車裡，接著進步到能安裝在車裡，現在則存在我的手機中。不管我要到哪裡去，衛星導航完全勝過傳統的紙本地圖。

從小在太浩湖這樣的小城鎮成長，意味著我到任何地方都感覺很熟悉。我大半輩子都花在這些地方，就算出現一棟新的建築，也很容易得到口頭指引：「開過那座垃圾場幾分鐘之後，注意看著右手邊，看到一棟黃色的屋子，就在那裡左轉，再立刻右轉。」

當我搬到洛杉磯之後，一切都改變了。我不僅連什麼地方在哪裡都不知道，同時還得面對一座雜亂延伸的巨大城市，根本搞不清楚東西南北，因此時常遲到和迷路。我討厭遲到和迷路，也很討厭當我解釋是怎麼抵達目的地時，聽到別人說：「你怎麼不走……？」如果一個人明白這裡的交通模式和巷弄，總會知道更聰明的路線選擇。

我第一次使用衛星導航的時候，它就像是一個小奇蹟，使情況大幅改善。我仍然得告訴它自己想去什麼地方，但現在的衛星導航結合各式各樣的交通資料和路況，幫助我找出最好的路線；同時它也給我很多選擇和控制權，分享不同的路徑選項並顯示其中差異，更會因應情況改變而做出調整；有些衛星導航APP更容許我分享資訊，幫助大家使用這系統。透過幫助其他人，我們真的能找到抵達各自目的地更好的路徑選擇。

第二部就是頂峰高中為孩子預備好進入成人和圓滿生活的路徑，當中包括認識真實世界的研究專題、自我導引學習、導師制度的反思和積極合作……這些是我們的核心支柱，每一項都有獨立的價值，但同時也建構在彼此之上。沒有自我導引學習的技巧，真實世界的研究專題也就失去了影響力；若沒有結合由可信任導師所指引的反思能力，自我導引學習循環（由學生設立目標、制定計畫、實現計畫，再展現成果的過程）也就無法完整；積極合作則讓上述每個要件得以成真，其他所有章節則是讓「誠心的積極合作」得以實現。

這些就像是最新的衛星導航版本，只要綜合使用，就能為學生創造最平順的路徑，通往那些做足預備的成人將抵達的最終目的地。

第四章

認識真實世界和研究專題為本的學習法：暢所欲言

當我走出辦公室的時候，差點被排列在走廊上的橘色交通三角錐絆倒，幸好及時避開，才不至於撞上一位學生。萊拉是把頭髮往後紮成鬆散馬尾、個子嬌小的九年級學生。她雙眼朝前直視著，在左閃右繞那些三角錐穿梭的同時，嘴裡背誦著像是一篇演講稿的東西：「舉例來說，很多人以為知道自己的食物有哪些成分，但只有少數人真正明白。」

走廊轉角附近傳來九年級的英文老師亞當．卡特大喊的聲音：「萊拉，塔文納校長代表著真實世界的障礙。你需要留心她，而不失去自己專注的焦點。」我朝亞當走過去，心裡納悶到底發生了什麼事情，他用擴音器發出四聲響亮的嗶聲，然後關上一扇門，這道障礙迫使學生不得不繞道。

我先是訓了他一頓（竟然敢把我稱為「障礙」），之後這麼問道：「你們大夥在做什麼啊？」亞當露出狡獪的微笑，用讓人聽了就消氣、慢腔慢調的南方口音說：「對不起，黛安。我現在沒時間說話，但非常歡迎你問這些孩子。他們會樂於和你分享的。」說完就翩然走開了。

我掃視周遭，想找一個目標，發現每位學生似乎完全專注在當下。我討厭打斷他們，但亞當應該是故意這麼說的，如果現在不適合詢問學生，我想他不會建議我找個孩子談談。

我比了手勢，朝一位用功好學的高瘦男孩喊道：「嘿，詹姆士！我可以打斷你一下，詢問你們現在正在進行什麼功課嗎？」

「沒關係的，塔文納校長。我們在進行即使出現打擾和障礙，還是要維持專注的練習；因此您說話對我們來說是件好事。」

「那你們究竟專注在什麼事上面呢？」

詹姆士解釋，大家在進行「暢所欲言（Speak Out）」的練習，這是亞當和我們的歷史老師凱莉・賈西亞共同設計的研究專題，屬於一個多重任務：首先，學生必須選擇如何用自己的聲音為社區帶來改變，他們有什麼想法能讓社區更不同或更好？其次，他們必須實際研究自己所選的主題，並且成為這主題的專家。第三，也是最終的步驟，就是要把個人心得發展成一篇有說服力的演講稿，讓別人信服而做出改變。

「那麼，你的主題是什麼？」我問。

「我正試著說服別人，讓他們明白應該終結休耕補貼。」

「什麼！你為什麼會選這個主題？」我好奇的口氣帶有一點不該顯露的訝異。為什麼一個住在矽谷的九年級男孩，會對休耕補貼有興趣呢？還有，他是怎麼知道這些東西的？

「這個嘛，我開始思考的時候，發現自己很想改變稅賦的問題。我爸媽老是抱怨各種稅。我的意思是，我們從稅收中到底得到了什麼？然後在深入研究的時候，看見有一大堆的稅收拿去付給人，叫他們『不要』種食物。我心裡老是浮現這個發現，也不敢相信任何明白這道理的人會支持這做法。我們原本可以把這筆錢用在更多重要的事上，並利用那些土地來餵飽人。因此我決定真的需要在這件事上做些努力。」

「不過，你要怎麼讓你的朋友們關心這件事呢？」在我看來，這似乎要費很多力氣。我繼續問：「就算他們真的在乎，你又要怎麼說服他們採取行動呢？」

詹姆士帶著一絲困惑的表情看著我，那表情藏著一絲絲的高傲（當你跟青少年合作時，就會習慣這表情了），接著說：「塔文納校長，我們年輕，不表示我們不在乎任何事。有不公平的事情出現時，我們會真的去關心——尤其在我們得出錢的時候。我只要讓他們看到如何去追蹤這些錢，等他們發現錢花到哪裡去之後，自然就會在乎了。」

我讓詹姆士繼續去練習他的演講，自己則小心繞過走廊剩下的橘色三角錐。儘管我繼續著這一天的工作，但是在幾個小時後，當我在另一間學校，與一個九年級男孩進行完全不同的對話時，詹姆士的身影又浮上心頭。

那時我坐在本地一間高中教室的後面。此刻是求職的旺季，我想觀察一位希望明年能到頂峰高中教書的歷史老師。我在教室裡已待了大約四十五分鐘，到目前為止，我看見這位老師點名，要學生交作業，然後對於第二次世界大戰爆發的原因做了簡短介紹，學生則是做著筆記。他接下來繞著教室走，看著學生們讀教科書並開始回答一連串的問題，讓他們完成回家作業。

這班級的學生很淡定、順從，如果人們望進教室，會說大多數的孩子都很專心上課。但是我從教室後面看過去，注意到好幾個學生在隨手塗鴉，其他幾個學生則在老師講課時互傳紙條，剩下的學生似乎在放空，其中有個學生一直低著頭。我決定找坐在我前面的學生說話。他把大半堂課的時間用在筆記本上，畫了一幅很精巧的戰爭場景。

我拍拍他的肩膀，低聲說：「嘿，我是另一間高中的校長。你介意我問幾個問題嗎？」

他的眼睛瞥向講課的老師，接著又聳聳肩說：「好啊。」

「你們今天在上什麼內容？」

他露出「你是認真的嗎」的表情，然後說：「呃……歷史。」

「抱歉。對，當然是歷史，但我的意思是，你們具體在學什麼，以及為什麼要學這些？」

他面無表情的瞪了我一下，然後說：「我這堂課得考及格才能畢業，如果我想要上大學，就得這麼做。」

我感覺問不出為何學習第二次世界大戰很重要，便改問：「你覺得這堂課怎麼樣？」

他的態度放鬆了一些，回應道：「還好，就很正常啊！羅傑老師相當酷。我的意思是，他感覺很在乎這門課，有時會說些很酷的故事，讓課程有趣一些。有時我們也會有小組討論，那還不錯。」

我說：「我再問最後一個問題，就不再打擾你了。你對學校的感覺如何？」

他把身體往後傾，猶豫了一會，似乎正在衡量應該要多誠實，接著說：「其實很無聊，但這就是學校啊！每個人都討厭它，但是大家就是必須上學。」

研究專題為本的學習法

我開車回頂峰高中的路上，心想著雖然這兩名男孩有很多相似之處，但這兩段對話的差異卻如此明顯。就這點來看，兩位老師的經驗和所受的訓練很類似，較大的差異則在於讓孩子學習的方法。這位老師能否相信「別的方法有可能達到目標」呢？他能不能放開自身的經驗和訓練，學習不同的教學方法呢？這是我在雇用老師時最先衡量的事。

大多數高中仍遵循最傳統的學習方法。學生透過「主題單元」，例如「工業革命」、「植物的生命循環」等來吸收資訊。各個單元被設計成老師講課，學生寫筆記、讀課本內容、回答問題或解決數學問題。單元也可能包括影片片段，或是有更多注解的口頭報告，隨之而來的是老師領導的討論和問題的回顧，最終進行多重選擇題或簡答測驗，有時還會加上寫一篇論文。一路上有很多的隨堂測驗、回家作業，老師希望學生製作識字卡，然後練習並記住。這一切聽起來很熟悉，因為我們多數人就是這麼被教導的。

認真的老師努力準備，好讓講課內容生動有趣，並且分配小組討論。科學老師會讓學生做實驗，英文和歷史老師則指定報告主題。有時候，老師也會指定期末研究專題（final project）；但在大部分的學習時間裡，這些都只能稱為**甜點**，而不是主菜。一般來說，一年大概只會出現幾次而已。

既然頂峰高中的目標是幫助孩子，發展在真實生活中取得成功所需的技能和習慣，我們設計的學習方式，是每天都把教學重心放在真實世界。而精心設計過的「研究專題」計畫，是達成這目標最有效的學習方法，因此這就是我們安排每天學習內容的方向。

這些研究專題，從一個學生在社區與生活碰到的困難、問題或挑戰開始。學生要對此深入了解、探討，最終發表演說、回答問題或解決這困難（挑戰），才算「完成」了研究專題。這為學生在朝解決方法一路前進時，會得到適時、可行的回饋，因此在研究的同時，也是在改善這研究專題的細節。這倒不是說，學生無須學習關於「工業革命」或「生命循環」的資訊，只不過是以跟自己生活聯結的研究專題來學習，因而有空間學習「解決困難」。

一個歷史研究專題可以是「工業革命：一個產品的故事」，讓學生追溯一樣商品被發明出來的時間，探索該商品在今日如何被應用。在建立這商品回溯旅程的深度知識時，學生就能理解更大範圍的工業革命。一個科學研究專題可以是「電動屋（The Electric House）」，讓學生從中學習工程師如何應用科學知識來預測、創造精確的設計，以及達成工程上的目標。學生化身成工程師，設計出建築物的實體模型，以及讓它們產生動力的電力系統。在「親愛的編輯」研究專題裡，讓學生實際扮演作者和媒體的角色，並會探討如何用邏輯和邏輯謬誤，來說服或轉移觀眾的思緒。

這些研究專題不是突然被硬塞進課程的，更像是學生日常的工作。學生和老師並肩合作，利用深度討論、計劃、研究分析、製作模型、寫作及許多批判性思考，取代傳統的老師講課、學生聽課的學習法。這些研究專題並不是在最後期限的大清晨擠出來的，也不是用快速寫上的幾段文字，再與家裡印表機印出來的照片湊合成海報。學生做出的最終產品，包含了高品質的簡報、模型、模擬、網站、活動、建築計畫和商業點子。這些研究專題不是甜點，而是**主菜**。

我在麥可手工藝品店找尋生日蛋糕的小裝飾時，無意中發現了加州教堂研究專題套組（California Mission Project kits）。我之所以會注意到這些東西，是因為對「加州教堂研究專題」超級反感。身為一個母親，我曾花了一個漫長的週末下午，幫瑞特找出每一塊棕色的樂高，好讓他蓋一間教堂，完成四年級的研究專題——這就是典型的甜點計畫。

學生們拿到好幾張講義和一張教堂的照片，上面註明各零件名稱，以及一小段描述住在教堂裡是什麼模樣的文字。學生事先已經「研究」過這份資料，也考過相關知識裡的字彙和簡答測驗。他們用「蓋出一間教堂及標上各零件名稱」的作業，總結關於教堂的研究。學生可以依自己的喜好蓋出自己的教堂，其實就是以學生自己的選擇來決定。對瑞特來說，做這作業唯一能稍微補償的部分，是他喜歡樂高，至少還可以拿樂高來蓋房子。

加州州政府要求每個住在加州的學生，都必須認識、熟悉這些教堂，「教堂作業」因而變得普遍，這也讓一間公司看見商機：製造一個套組，幫助學生完成研究專題的要求。你只要到麥可手工藝品店，買下這個套組，跟著指令一步步組合配件，就跟把ＩＫＥＡ家具組裝起來是同樣的道理，其中根本沒有一絲真正學習的成分。相對的，這作業只需要家長找時間去買下套組，並幫助孩子照說明文字組裝——在很多案例中，都是家長直接幫孩子組裝教堂模型。

儘管學習加州的歷史相當重要，我卻感覺這「研究專題」不只浪費孩子的時間，還造成了反效果：讓大家產生「學校研究專題原來就是這樣」的印象。真實生活中的學習計畫，需要的是更加不同的東西。優質的研究專題可以在任何年齡族群中實行，隨著每一個年級的水平提升，計畫內容也變得更高階。

我們學校的高年級學生，參加一項稱為「模擬城市（Sim City）」的研究專題，這是由一群熱血科學老師開發出來的作業，主題借用受歡迎的電動遊戲名稱，以此吸引青年學子的興趣。這計畫一開始就提出大哉問：我們要如何打造更永續的城市？考量到天然資源、汙染及廢料的處理，人民、公司企業及政府需要做出哪些決定？費用／效益的分析又如何影響這些決定？

學生可以選擇自己要不要擔任城市規劃者，以及在面臨永續生存的挑戰時，重新設計一座真正的城市；又或者想接受競賽挑戰，從頭開始設計一整座新城市。在整整兩個月的時間裡，學生們分組合作，做出的設計必須考慮到農業、能源、工業和住宅區之間的緊張關係。他們必須利用研究結論和證據，為所做的各種決定辯護。他們也需要在個人信仰、環境衝擊、財政暨社會支出，以及城市居民的主張和需要之間做出平衡。他們決定的權衡是什麼？他們怎麼為自己的選擇辯護？他們有可能收到怎樣的抱怨？他們要如何為自己的計畫辯解？

我最近帶了一個參訪團體，去觀察正在進行「模擬城市」研究專題的學生。距離最終的成果發表只剩一個星期，到那時，學生就要在好幾個本地城市規劃者，以及幾位設計公司執行長面前做簡報。

我為訪客解釋完整個研究專題後，其中一位帶著極度懷疑的表情看著我，說：「我在**大學**時都沒做過這麼困難的東西。而你現在是在告訴我，你們所有高年級學生都在做這件事？」

我必須承認，「模擬城市」相當具有挑戰性。每次我讀著研究專題說明時，都會嚥下口水，好奇若是由我自己來做能做得多好。這麼說吧！我之前已看過這研究專題很多次，知道我們高年級學生的能力。他們四年來的每一天，都在練習這種需要批判性思考的功課，慢慢的（也確定的）有了成長及進步，因此可以接下這類複雜的研究專題，更別說他們覺得這種研究計畫和自己很有關聯呢！他們很快就要畢業，需要開始思考自己要在哪裡生活，以及怎麼生活。都市，鄉下或郊區？考量到自己的通勤預算、對於環境的衝擊及文化，他們做出的選擇會帶來什麼負面影響？這些學生透過「模擬城市」研究專題的幫助，真正深入了解自己原本就要努力面對的事情。

我一把推開教室的門，用手臂擺出歡迎的姿態，說：「我們就來看看吧！」

每一組都有自己的城市模型。有些小組的城市屬於實體模型，精美程度能跟建築公司櫥窗展示的模型匹敵；有些小組則是用電腦做出城市模型。每座建築物、每條道路、每個安排、每株植物背後都有其目的。我針對每個專題發問，學生的每個回答都經過了深思熟慮。

某個小組中的女孩安德莉雅說：「這是一座有生命的屋頂花園，每天可以供應人一百加侖的水，而且不會造成汙染。」

「等一等，你說什麼？」一位訪客發問，「這要怎麼做到？你說它不會造成汙染，又是什麼意思？」

「因為它自己就是一個生態系統。有生命的東西和無生命的東西，都是系統的一部分，它們在系統中都會被運用；它們透過彼此相互循環。」

當我們花更多時間在安德莉雅這一組時，我注意到她負責回答環境科學的問題，另一位組員負責回答人口結構的問題，還有一位組員負責回答偏向數學的問題。我請他們解釋如此分配的理由。

「要學的東西太多了，因此我們分開來，各自當不同領域的專家。我們會把所有東西集合起來，再做決定。」安德莉雅回答。

「但是你們怎麼決定，誰要當哪方面的專家？」我再追問。

其中一位組員麥可解釋，大家是以各自的興趣和強項來挑選領域。他們勇於學習自己需要的知識，讓自己更厲害，但也知道要相互照應、聯手合作。麥可解釋：「我在數學模型方面超強，因此我跟卡洛斯同一組，因為這是他需要加強的地方。但卡洛斯對於基改食物的知識很廣，因為他在十年級的『熱血研究專題』中就做過了。」熱血研究專題是頂峰高中二年級學生必做的研究專題，學生可以選一個領域深入研究。麥可繼續說：「因此，他負責食物來源和農業這塊。」

安德莉雅也說：「我們都需要向彼此學習，才能做出好的決定。你必須**弄懂**自己的領域，這樣才能教其他人。」

「對了。」麥可突然出聲。「你們可以幫助我們為下週的簡報做準備嗎？告訴我們有哪些問題或不同意的地方。我們需要為城市規劃者可能有的負面回饋做好準備。」

當我帶著訪客離開時，我已知道自己聽到的第一個心得會是什麼，因為我老是聽大家這麼說。結果一點也沒錯，在身後的教室門還沒關上前，一位訪客就說：「那些孩子一定是你們最優秀的學生，他們真了不起。」

我向他解釋，不管這些高年級學生原先有什麼技能和習慣，來到頂峰高中，每個人都要做這個研究專題。他們的表現能力如此之好，不是因為巧合，而是多年的辛苦努力，以及所有老師小心規劃與合作的成果。

我想到發生在頂峰高中的事，就好像一部勵志運動電影的剪接手法。運動類型的電影**總是**會有這樣的劇情安排。電影開場總會有一個（不管因為什麼理由）輸了比賽的隊伍，但他們仍保有雄心、熱情與目標。到了某一刻，他們開了竅，接著你會看見這些運動員拚命努力的畫面——照理說運動員努力的過程應該至少要有好幾個月的時間，不過在「電影」裡出現的畫面往往才兩分鐘而已。

我們的老師就如電影中站在邊線鞭策、鼓舞運動員的教練一樣，透過模擬大事件，創造出各種困難卻有趣的體驗。我們的孩子就跟電影裡運動員訓練所有需要用上的肌肉一樣，努力學習畢業後會用上的所有技能和習慣。

在那高年級班上發生的事，是四年來各種與真實生活相關研究專題「集訓」的成果，在這期間全心奉獻的老師持續回饋，孩子對於自己在意和有興趣的議題，一次又一次辛苦挑戰自我極限。這幾年不全是電影呈現的樣貌或背景音樂，學生覺得時間走得很慢，也時常感到混亂。但等到這些孩子升上了高年級，他們已經進入最好的狀態，要在壓軸大戲發光發熱了。

研究專題不是新鮮事

頂峰高中絕不是第一間採取「研究專題為本」學習法的學校。在美國，這些計畫可以追溯到二十世紀初期。一本名為《研究專題教學法》的書在一九一八年出版，到了一九二〇年代，一位伊利諾州的督學要高一學生創立一間學校郵局，以此明白郵局運作的情況。用專業術語來說，研究專題為本的學習法被視為「讓學生花時間調查與回應一件真實、有吸引力又複雜的問題或挑戰，以此學到知識和技術的教學法」。

但是，絕大多數的學校根本就不施行這種教學法，就算是少數實行的學校（甚至將之宣傳為學校特色），看待這教學法的心態也常像是聖代冰淇淋上的櫻桃——可有可無。多數孩子並**沒有**日復一日運用研究專題為本的學習法。但當你看到支持用這方法學習的證據，至少在表面上很難理解為何現實會如此。

研究顯示，學生透過研究專題學習時，記得自己學到東西的時間會更長，了解的程度也更深入。這種學習法在測驗分數的表現也不會差到哪裡去，在高賭注的大學先修課程考試裡，採用研究專題學習法的學生，表現跟傳統學習法的學生一樣優異，甚至還更好。研究也顯示，研究專題學習法的學生在解決問題方面較成功，也較能把所學應用於真實生活中。他們在與批判性思考相關的技能分數也較高，而且也比較**在乎**——這或許是所有優點中最吸引人的。

對一個努力要讓青少年有動力做事的家長或老師來說，研究專題可以產生的鼓舞效果非常強大。實施研究專題學習法的課堂，學生出席率較高，更願意投入，在學習上吃力的學生也比較願意參與。這學習法對於**所有**學生（不只是成績本來就優秀的那些），是令人感覺較有希望的學習策略。研究專題學習法對老師也更能產生動力，對自己的工作更為滿意。我們不需要研究也能明白，有一個快樂的老師，對孩子來說是一件好事。

幫助孩子成為對未來做足預備的成人，意味著讓他們在步入社會後能做出對的決定。研究顯示，這點正是研究專題學習法的優勢。一群芝加哥大學的研究員，針對五年級生進行了一項研究：有些學生聽從直接指令來學習教材（來自老師策劃的課堂活動，以及在座位上獨立操作），有些學生則利用同樣的課程教材進行研究專題。

等到該單元結束之後，學生被問到與課程完全無關的複雜問題：他們是否該告訴老師，有一位學生作弊的事。這些學生需要寫一篇自己會怎麼做，以及為什麼這樣做的報告。研究員要從報告裡看出：

1. 學生有沒有從不同面向去考量這兩難的困境？
2. 學生考慮到幾種理由和道德上的標準？
3. 學生是否明確衡量這些不同的選項？

以上三點是判斷一個決策是否有力的指標。結果採取研究專題學習法的學生，表現要優異很多：「他們考慮到不只一個困境，運用更廣泛的推理，以及更常評估在他們做決定的過程中，那些背後推論的重要性。」

華麗不過表面深

身為一位高中老師，我教導學生一些跨領域的研究專題，親眼看見他們如何從中獲益。有個研究專題要求每位學生，要選擇一位歷史人物進行深入研究，然後以該人物來到美國時，會攜帶的「行李箱」為主題，撰寫內容和故事。

當我設計這個專題時，心裡假設有些學生可能會受到鼓舞，畫出一些東西放入行李箱裡的草圖，但主要還是聚焦在學生的研究和寫作部分。

學生如同我所設想的，對於自己選擇的歷史人物都非常有興趣。他們的研究發掘出我從沒想過的事實和故事（**你知道那些來到愛麗絲島的移民，接受哪一種醫療和心理健康的檢測嗎？**）所有討論相當生動也很吸引人，學生似乎把我們正在閱讀的小說、歷史，和自己的生活聯結了起來。有些孩子打電話給爺爺奶奶，想找出更多以前聽過但沒留心的故事，其他人則從一些流行電影所描繪的歷史中提出疑問。

凱西的研究專題尤其有說服力。我不太記得她選擇的歷史人物了，但是記得她的簡報。她真的帶了一個行李箱來到教室，裡面裝滿那位歷史人物可能會用上的所有東西。她把自己打扮成那位歷史人物，再從其角度陳述一段慷慨激昂、說服力十足的對白。當我們提問時，她表示自己從來就不喜歡歷史，也不了解歷史和自己有什麼關聯，感覺歷史似乎總是顯得老舊，只是一連串的事實而已。然而，當我們把歷史和文學結合起來，透過「美國夢」的透鏡去觀察，她有了一個新管道去理解歷史。

這種接近歷史的方式引起了凱西的好奇心，並且被這群人的故事深深打動。她深入挖掘，想知道更多事，這也幫助她把一切重要的事聯結起來。她對我們決定追溯美國夢一事尤其感到好奇。

凱西生活在一九九〇年代晚期，是很受歡迎的美麗女孩，家住在郊區一間舒適的房屋裡。她因此開始想知道，自己接下來的人生會是如何呢？難道就是這樣了嗎？她應該試著追求跟父母同樣的生活嗎？而其他那些沒能擁有這一切的人們呢？

我很喜歡這個研究專題，也喜歡看見它在學生眼中點燃的好奇火花。同時，我也知道自己沒完全達到目標——某個我現在可以看得更清楚的事情。我幫助學生利用這研究專題發展了哪些明確的技能？我在評估什麼？這研究專題有幫他們做出（具備大學程度的）分析嗎？事實上，我還沒有真正掌握到訣竅。

「行李箱」研究專題包含各種花俏的配件，但缺少足夠的實質材料。我未能從一年又一年的研究專題中，建造出「技能」。這些計畫屬於一次性學習，是甜點。身為個別教師（individual teacher），我既沒有時間也缺少支援去打造一個真正有意義的研究專題。我能看到研究專題學習法的潛力，但還無法單靠自己就讓它發揮真正的力量。

障礙：教科書、問責和懷舊心

我們在頂峰高中得到的一個機會，是能夠以團隊合作的方式，設計出以研究專題為本的課程，而我的承諾就跟我們聘請的每位老師一樣堅定。我們很快就發現，各地學校之所以不採納研究專題學習法，其中一個原因是其內容設計非常困難且複雜。要設計一個跨科目領域的研究專題並不容易，當中的學術內容必須精確且吸引人，還要能呼應學生在學習上的需要、滿足州政府的標準。

我們曾搜尋經過驗證、可直接採用的現成研究專題，但是找到的幾個專題，費用都相當昂貴。有兩間機構提供我們一份研究專題學習法的課程，不過一年得付出好幾千美元的費用，才能成為他們網絡的一份子。有間公司願意為我們設計這些課程，但是每個研究專題的費用是一萬美金，我們甚至無法擁有版權或分享出去。

在大部分的情況下，我們最後是獨力發展這些研究專題，由學校老師直接參與這項頗具挑戰的工作。最終這工作延長了幾年，讓我們可以擴充、發展並持續改進以研究專題為本的學習課程。老師們分組工作，從自己的收藏裡找出最厲害的研究專題，進而創造新的研究專題，具備了我們需要讓孩子發展出的重要技能和習慣。這種集合眾人的智囊團，是我以前當老師時所缺乏的東西。整個過程相當耗時，也讓我明白為什麼外面這些公司會索取高額費用。

學校**無法輕易**取得夠品質的研究專題，成為推廣這種學習法的明確障礙。以此易彼，大家採用教科書——不意外的，這肯定不是以研究專題為本的教學方式。我們深陷在標準和問責的文化醬缸裡。

教材公司需要把書籍賣出去，想達到這目標，就必須把每個年級的程度展現出來，他們的書籍和學習教材也涵蓋了測驗專題。如果我是教科書出版商，這樣的文化會鼓勵我把這部分做得愈清楚和容易愈好。你想學習一個法案要如何成為一條法律的嗎？那就看第四十至四十二頁，而且還要確定自己記住了圖解，因為你很可能會被考到這一題。這樣做比創造一個「模擬國會」的研究專題要直接多了。

我們真的在頂峰高中進行了「模擬國會」研究專題，要求每位學生假設一個真正立法委員的角色，他要負責選一個議題研究，並推出一個法案。同時他們還要思考，成為有效率、有道德的立法委員意味著什麼。教科書學習法或許比較有標準、比較直接，但是沒有要求孩子去深入思考、想出關聯性或解決問題。「一個法案要如何成為一條法律」成為單獨存在的資訊，學生很可能在考完試就會把它忘掉。

另一個以研究專題為本學習法的阻礙，則是「標準化的測驗」。嘗試不一樣的東西會帶來不確定性，而測驗成績影響了學校的排名及最終的屬性價值。家長們辛苦工作（通常是在財務上盡最大的努力），在擁有頂尖學校的學區裡買一間房子定居，然後盡力維持學校的聲譽。對許多老師、校長和家長來說，以研究專題為本的學習法比較像在冒險，所以他們以傳統方式教導學生，一如他們以前所受的教育。

我覺得這樣真的很諷刺，因為標準化測驗的目的，是要看學生如何執行，以及他們準備的程度，但這些測驗卻擋住了「能幫學生做好準備的最佳道路」。更諷刺的事實是，運用研究專題為本學習法來學習的孩子，在標準化測驗的表現都很好。

某位老師或校長可能很喜歡研究專題為本學習法，可能甚至也有像我發想「行李箱」研究專題的親身經驗，並看見自己的學生如何從中受益。不過，喜歡這學習法是一回事，願意為它奮戰則是另一回事。到頭來，他們得為學校排名負責，如果是採用教科書、教材和測驗來教學生，卻達不到預想的成績，至少可以合理的說：「嘿，我已經善用你們給我的教材了。」

但如果他們承擔風險，選擇不一樣的教法，眾人的指責就會落到他們身上（沒錯，老師可不是容易的職務），而這就是為何我們常拿到研究專題為本學習法的「點心版」。老師迫切想嘗試的同時，仍要做他們該做的事，以及自認為對學生最好的事。

此外，也沒有太多家長願意支持研究專題為本學習法。畢竟多數人是以傳統方式受教育，結果也還不錯。許多家長心裡想著：「沒錯，學校生活可能辛苦又無聊，這點我們可以理解，但是生活的某些部分，就是要學習如何應對時而出現的辛苦與無聊。」因此，家長就跟老師及校長一樣，聚焦於確保孩子得到適當的分數，因為這關係到下一步——進入大學。

談到學校，弔詭的心理學就出現了。每個到學校求學者（其實就是大多數人），對於學校應該是什麼樣子，都有自己的成見和觀點——我們就是會如此。一般人會把自身受教的經驗概括化，教育工作者無疑也是如此。多數人在學校表現很好，或者至少自覺在學校感到很自在。

家長們通常會停滯在自身熟悉的經驗裡，因此常說出：「我現在也過得挺好啊！所以這對我的小孩來說一定也適合。」就算他們承認在某些方面，自己的學校經驗並未達到標準，仍然相信「學校形塑你的品格」這說法。或許這是真的，但如果我們可以先把懷舊心理（足球比賽、因為同樣覺得數學課無聊而培養出的同儕情誼等）從學校教育中拆解出來，那還剩下什麼？

如果你對自己的生活感到很滿意，要你去思考這問題：「如果我先前受到更好的教育，那會怎麼樣？」我想是很困難的。這會是件壞事嗎？如果你可以早點達到目前的人生位置，或是少一點無聊和繁重的課業，有多一點時間花在探索、興趣和人際關係上，你還可能在哪些方面有所成就呢？不論是有意或無意，我們都不願誠實處理這些問題，因而阻礙了改變的機會。

進一步說，家長最關心的是「讓孩子順利完成體制的需要」，這點我很能理解。學校也許不完美，但至少家長們知道如何引導孩子，再加上現實生活中發生的種種事情，都使得家長明白，要用全然新鮮的方法「辦學」，幾乎是不可能的任務。

因此，身為家長的我們會說：「要努力。做好回家作業、熟記一個法案要如何成為一條法律，這樣你就可以在考試上拿高分了。」當孩子說這樣很無聊的時候，我們可能會不同意的聳聳肩，然後如此回應：「有時候，你就是得遵守規則。」雖說如此，當我們內心深處想到孩子最終只有一次機會時，仍不免會感到恐懼。

在真實生活中的真實世界學習法

在一對一訓練時，一位教練給我兒子瑞特一件小小的白色制服。當瑞特開始生平第一堂課時，對跆拳道的認識僅限於那簡短的介紹。我和其他家長坐在後方位置，看著整班學生開始做伸展動作：兩腿張開，彎下腰，手碰觸地板。

很快，動作來到將兩腿向外滑開，很多小孩完成了將兩腿劈開的動作。瑞特彎下腰的時候，根本沒辦法讓手指碰到地板。我坐在後面絞著雙手，懷疑自己的選擇到底對不對，心想著他要怎麼做，才能做到其他小孩正在進行的動作呢？

接下來，他們開始練習基本的出拳和踢腳動作。教練先示範一遍，然後開始大聲喊出指令。許多小孩很快就跟上指令；其他孩子跟著做了一些，但沒辦法做完全部指令；我的兒子瑞特只是站在那裡看著。很快，一位助教站到他身邊，一步步示範動作，接著請他試試看。

每當瑞特做錯或陷入困境時，就會停下來看其他人的動作，直到自己可以重新跟上。我看著其他學生和教練幫助瑞特上完整堂課，最後拿到第一條「初學者」的白色腰帶。在我看來，光是綁這帶子似乎都挺困難的，他們綁的動作很快速，都看不清楚是怎麼綁的。但是大家對瑞特的期望很簡單：回來，穿上制服，帶著你的腰帶，我們會幫助你繫好腰帶，再繼續嘗試。

在學校之外，這類活動提供孩子很棒的機會，去體驗從真實世界學習的方式。不過，不是所有課後活動都屬於這種方式。我開始搜尋武術課程的時候，注意到大多數課程是採取接近傳統教育的教法——把焦點放在孩子的進步程度和競爭。在課堂上，他們會學到不連續的技巧，一旦演練成功，就可以進階到下個腰帶的級數，最終目標是拿到黑色腰帶。這些課堂也把重心放在讓孩子為競賽做好準備，這一點看起來跟標準化測驗很類似。

競賽有贏家和輸家，有明確的方法得到分數、贏得勝利。但我們在競賽中贏得一分的方法，跟在真實世界中想躲開攻擊、防禦自己的反應，則幾乎沒有相同之處。換句話說，這些方法很不切實際。你會有多常站在墊子上，碰上與你身材接近的對手，而且年齡與所學的技巧都跟你一樣？無論如何對方都會攻擊你，但只會朝你身體某些特定部位出手？

我們為瑞特選擇了將跆拳道應用於真實世界的道場。在此聲明，他們的課程當然還是有各種顏色的腰帶、許多的拳擊和踢擊，但有很多不同之處，像是班級採取混齡、混合技巧和性別混合，因此學生會不斷與比自己更資深或資淺的人對打……這點跟真實世界很類似。如果有學生決定參與競賽，這是他個人的選擇，需要特別進行額外練習，但這不會是課程的重點。

相反，整個課程是為了明白「跆拳道在日常生活的意義」而做準備，學習預防情況惡化、了解屬於自己的技能和優點、與團隊合作以達到目標、練習呼吸、要求回饋、對社群有貢獻等。獲得黑帶是開始而不是結束，道場希望學生在努力要獲得黑帶的這一年和之後的時間，也能教導其他學生。瑞特如今已經拿到黑帶資格，也開課教導那些剛開始學跆拳道的孩子。

我們學生在「模擬城市」研究專題的表現，確實和這座道場的學習精神相似。研究專題的潛在目標，是幫助孩子為進入這世界做更好的準備。今日的生活不同於標準化測驗或跆拳道競賽，愈來愈沒有定義清楚、簡單明瞭的任務，能讓人去贏取勝利或進入到下一階段。

這世代的生活更接近凌亂、複雜，你必須隨時明白什麼是需要的，自己可以提供什麼，然後把**這事情**做好。企業老闆在尋找的員工，是做足預備的成年人，他們在開始工作後有解決問題的技能，以及能在工作中站穩腳步的自信。家長會希望孩子長大成人後，要是無預警失去工作，能估算自己下一步應該做什麼；在做重大決定或迎接雙胞胎時，知道如何和伴侶分擔責任、把事情辦妥。若能如此，每一個人都是贏家。

這社會需要的成年人，是那些在面對複雜的道德問題時，擁有做決策的技能，能考慮事情正反兩面，並運用不同類型的推理、質疑假設與推論。孩子們不想只是背誦一個法案是如何變成一條法律的過程——前提是他們得先要能記住，更想要體會「催生出一個對他們來說很重要的議題」是什麼樣的感覺，以及知道自己要付出什麼樣的代價。他們想為生活做好準備的渴望，就跟我們希望孩子能做好準備同樣強烈。

第五章

自我導引學習：「不是成功就是失敗」的謬論

或許我這麼形容是誇張了些，但原本應該是化學課裡最棒的實驗課（事實上，該說是一整年唯一好玩的實驗課），結果根本就是一個大失敗。

當我還是學生的時候，全班同學都喜歡馬修老師，卻沒有一個人喜歡化學。馬修老師頂著一頭跟愛因斯坦沒兩樣的亂髮，戴著厚鏡片的眼鏡，看起來還真有點像個瘋狂化學家，不過他的課程沒有任何瘋狂的科學成分。我們大部分時間花在聽他講課、做筆記、背週期表和解開化學式；不時得從教室中央的座位移到兩旁的實驗桌，透過複雜的指示來完成實驗。

在十二月最後的上課日，大家已經準備好要放假，處於超級興奮的狀態中。我和實驗夥伴翻到第三頁的步驟說明。這實驗本該算是假日前的驚喜，但其實沒有太多的實驗性內容。馬修老師事先花了好幾個小時，度量我們需要使用的每個材料，為它們貼上標籤，還仔細寫下使用指示。我們只要跟著指示做就好了，彷彿僅僅是初級烹飪書的食譜一般。

或許，如果我們先知道這個實驗的目的，或是明白應該要完成什麼目標，我們就會了解，事情不會自動變成它應該要有的樣子。也許我們原本可以解決問題，甚至在適當的時機請求幫助，但我們不知道自己要往哪裡前進或為何要前進，因此只是繼續向前，一直來到最後一步。

一位實驗夥伴說：「再檢查一下表單背面，一定還有更多步驟。」另一位夥伴則懷疑這是愚人節實驗，而不是聖誕節實驗。我們看了看其他的實驗桌，想知道有沒有人做出不一樣的東西，但是一桌接一桌的檢查過去，只見教室內所有高二學生充滿困惑，注視著一團又軟又黏、帶著甜味的東西，裡面有幾顆花生漂浮著。

馬修老師在各個實驗桌之間跑來跑去，喃喃自語，一直檢查實驗步驟表、化學物質，再回頭查看實驗步驟表。當下課鐘聲響起時，全部的學生看著他，不確定接下來要做什麼，或者說不知道他希望我們做什麼。終於，一位學生開口提問：「馬修老師，實驗結果應該是什麼樣子啊？」只見他的肩膀明顯垂下來，一臉沮喪的回答：「花生酥糖，一種節日點心。」

這本該是馬修老師一個教學小花招，卻收到了反效果；不過我有時還是會好奇，如果我們遵照他的指示，真的成功做出完美的花生酥糖，會有什麼樣的影響呢？這會鼓舞我們成為化學家嗎（沒有任何人走上這條路）？或是在大學時主修化學（沒有任何人主修這科目）？會激勵我們更用功去取得更好的成績嗎？或者至少讓某些人能準時出席早上八點的課？當然，我們永遠無法知道這些結果，但是可以合理的假設，事情不會因為這樣而產生太多的變化。

將近三十年之後，我在跟一群頂峰高中的學生說話時，想起了馬修老師。我和學生的對話涵蓋了各式各樣的主題，我詢問他們自身的經驗，了解他們哪些東西做得很好、有什麼地方可以改進、有哪些想法可以讓事情更好等。

一位學生伊森隨口說出自己的想法：「我在準備考大學化學先修課的測驗。」立時引起了我的注意。

「等一等，你剛剛說什麼？」我一臉困惑又好奇的問。

「我在幾個星期之後，就要考大學化學先修課的測驗了。」

「但是，我們沒有大學先修課的化學科目啊？」

「哦，我知道啊！」他明白我感到困惑的原因了，接著說：「我們有一群人真的很喜歡化學，想要學更多這方面的東西，因此決定要組成大學化學先修讀書小組來自學。」他的表情看起來似乎認為這解釋已經足夠，於是準備回到原先的對話上。

我努力讓聲音維持得平穩、隨意。因為我知道，如果不表現出過度興奮或驚訝的表情，就會得到更多的訊息，「這聽起來很有趣。你可以告訴我，你們是怎麼進行的嗎？」

「好啊！」他聳聳肩，說：「嗯，就像我剛剛說的，我們有一群真心喜歡化學的人。這科目真的很酷、很有趣，我們都想更了解化學，因此把這當成我們的一個年度目標。我的意思是，我們想要探索看看，這有沒有可能是我們會一直想學習的東西。我們想出最好的辦法，就是把學到的展現出來。既然這年級沒有開課，那我們就去考大學先修測驗。我們定了計畫，成立一個讀書小組，手邊有一本大學先修化學課本、可汗學院，以及其他各種資源。」

他接著說：「然後，我們把學習方法組織成科目和進度表。我們已知道如何學習，因此就照著與其他課堂一樣的學習方法，定出計畫。我們申請了一個獨立讀書小組，結果也通過了。所以我們就按照計畫，為測驗學習準備。教化學的卡普頓老師一直是我們的導師，她幫助我們設定目標，使計畫更完備。我們會跟卡普頓老師核對進度，她不但給意見，甚至把我們介紹給一些化學家。這樣，我們能明白化學家如何把我們正在學的東西，應用到真正的工作上。」

「這麼說來，你對於這經驗的感想是什麼？」我問伊森。

「這個嘛，我學到自己喜歡什麼東西，有哪些事情是我不喜歡的。舉例來說，我喜歡做出假設和實驗，真的很喜歡把科學用在解決真正的問題上。我對於在實驗室裡花一年又一年去探討一個想法或理論，就比較沒興趣。我得先看看自己在大學化學先修測驗考得如何。我從別人的反應和運用各種診斷法，知道自己學到了很多東西，我只需要看自己所有的學習，反映在幾個星期後化學泡泡測驗上的結果。但是不管怎樣，我對整件事的感覺很不錯。」

幾天後，當我在一個烤肉聚會上說到這故事時，有位母親當下立刻回應：「啊，在我兒子身上，你絕對看不到這種程度的獨立性。他需要很多的組織和安排，絕對沒辦法靠自己做到這樣的事。」

每當我與家長談到，頂峰高中教導並期待學生有「自我導引」的技能時，很常聽到上面這種評論（事實上，應該說「每次都是這樣」才對）。我只要聽到這種意見，都會好奇家長應該在什麼時候**真的放手**，讓孩子獨立？他們又要怎麼學習應用這種技能？

教學和學習之間的關係

過去一百多年來，美國學校一直存在著這種基本的前提：孩子在成為大人之前，需要知道某些資訊；學校的責任是教導這些資訊，學生的責任是學習這些資訊。學校其他的責任是呈現學生學到的世界。教學方法其實相當簡單，基本上，老師利用演說、課文、影片或其他認為適合的方法，把資訊呈現給學生；學生將這些知識內化、仔細研讀與練習後，在測驗上呈現自己知道的成果。測驗會打上分數，學生依照分數等級分類，然後繼續上課。

如果情況真是如此簡單就好了。對絕大多數的學生來說，依照老師的講述和教科書來學習，不但無聊也沒有效果。或許以往的學習方式都是如此，但現在你可以從 YouTube 影片學到任何事，還可以用 Google 查詢任何事。因此，要學生在座位上聽靜態的講述、做筆記和製作單字記憶卡，根本無法引起他們的興趣。

學習的科學其實很清楚：幾乎每個學生都可以精通相近程度的教材，只是他們會以不同的步伐和方法來學習。我們也知道，如果這些教材是以學生熟悉的架構來呈現，再應用到真實生活的情境，他們學到的知識可以在大腦裡保存較久。學生不喜歡在大多數課堂可以發現的學習方式，這不是他們的錯。我們所看到的證據也很清楚，這種學習方式不適合多數人。

老師身負兩種相互矛盾的責任。一方面，他們要對學生的學習負責。我知道這顯而易見，也是多數老師投入這行業的首要原因，以及他們喜愛這份工作的原因之一。老師的第二個責任，是確保學生的成績展現出他們學到的東西，並以公平的方式給學生分數。

許多人會問：「不過，這兩者不是本來就相互聯結嗎？老師幫助學生學習，學生拿到好成績。」只不過這是錯誤相關，因為我們的評估系統充滿太多缺點。儘管三分之二的老師認為他們打的分數，反映了學生的進步、付出的努力、在課堂上的參與度，但仍然很難看出客觀性。分數很難提供一致性，因為打分數的嚴謹性，會隨著老師、學校的差異而有所改變；分數也很難看出明確性，多數家長和一些學生，並不明白A、B、C、D等級成績背後的根據。

老師在如何做好工作上也備受約束，他們必須考量到學生人數、見到學生的時間多寡、可取得的教材，以及自己被期望教授哪些知識等。把這些因素結合起來，我們得出的結論是：老師每天都努力要讓學生出席上課、不遲到、專心聽講、學得夠多、學得夠久，並拿到及格的分數，在考試上表現得夠好。而學生要奮戰的是，堅持長遠的目標、從高中畢業或進入大學、能在每日的苦差事中維持學習動機。

每個人依據理性行動，而這一切卻又如此沒道理。弄到最後，多數學生只學到老師試圖教給他們的知識的片段。他們在學習的路上變得漠不關心、提不起勁、筋疲力竭——就算拿到好分數或升級也一樣。

由於老師沒辦法做進入這一行想做的事，最後變得不抱理想、滿心沮喪。他們要不是因此離開教職，就是只能從成功的個別學生身上，找尋小小的勝利。

我們沒有讓學生帶著所需的知識離開高中，跨入成人的世界；更重要的是，我們也沒讓他們具備能力，去學習這一生需要的種種知識。在這變化快速的世界裡，沒有人到了十八歲時，能知道所有明年自己需要的知識，更別說是一輩子需要的知識了。但有少數幾間學校，努力教導學生看見這事實，這就是我們創立頂峰高中所要做出的改變。

站在其他人的成就上

我是個研究狂，而我多數的同僚也是如此。如果你去閱讀丹尼爾・品克（Daniel Pink）、安琪拉・達克沃斯（Angela Duckworth）和琳達・達令—哈蒙德（Linda Darling-Hammond）的作品，就會知道我們對於學習的想法，以及如何做自己的這份工作。在頂峰高中裡，我們有一個「領導力書架」，上面擺滿一套我們都會閱讀、討論、學習再吸納的書。

品克的暢銷書《動機，單純的力量》（*Drive*）就在我們的書架上，它分享了關於支撐「動機」的專精、自主性、目的等科學研究。簡單來說，「專精」是指你擅長某一方面的事，「自主性」是你有管理的辦法，「目的」則是你為了一個確實的理由去做某事。我們讀了品克的書，思考若我們能設計出以專精、自主性、目的為中心的學習方法，這會如何呢？今日，我們把這稱為「自我導引學習法」，意思就是讓學生成為自己學習的領導者。這要花上好幾年的刻意練習和回饋，有意識的發展可以做到如此的技能。

我和了不起的心理學家卡蘿．杜維克（Carol Dweck）的門生大衛．耶格爾（David Yeager）是朋友。杜維克的研究幫助這世界認識成長心態——相對於定型心態——的重要性。大衛前來參觀我們學校，四處看了幾個小時後，坐下來和我們聊天。我們解釋自己如何想讓學生對一個計畫做出承諾，以有意義的方式和指導原則為自己設下目標。我們想讓學生學習，當老師不在身邊指導時，如何自我導引學習。大衛聽完，開始談論並解說「自我導引學習循環（self-directed learning cycle）」，這後來在我們學校裡實行。

杜維克已經告訴我們，在短程、中程和長程目標設定技巧的刻意練習，能幫助學生發展和實現使命感。因此，頂峰高中學生的第一步，就是要設定一個出自於使命感的目標。它可以是利用證據來支持一個有爭議的主張；或是管理好自己的時間，以免在截止日前一晚，拚命完成那個為期三週的研究專題。

再來，他們要想出「如何能達到目標」的計畫。然後是計畫的執行部分，他們在此學習和**實際運作**。這期間，學生會自我查核，也會請導師查核，確定沒有偏離方向，有需要時也會利用自我導引學習法。他們可能需要改變策略、找到適當的幫助，或是尋求更多的挑戰。等到完成之後，學生必須把自己所知道的一切呈現出來，而呈現的方式可能像是一場表演，或者是一樣完成的產品。

下一步，是反思這研究專題進行順利的地方與原因，以及哪部分有困難及其原因。最後，學生重複整個過程，在下一堂課（及之後的課堂）再次走過同樣的循環。大人在教室裡的角色，則是回答問題和提供指引，沒有實際的掌控權。

我們和大衛用一小時的時間，在房間裡的白板描繪、草擬出這循環。那個下午幫助我們明白，光是閱讀重要思想家的論文和書籍是不夠的。研究人員和實踐人員需要團結起來，聽對方要說的話。因此，我們和大衛的討論並不只有這一次。

我們開始冒昧主動打電話給研究人員（其中包括了許多「領導力書架」上的作者），向他們自我介紹。儘管這似乎有些厚顏與冒失，但我們仍如此詢問：「我們有些設計，不曉得您能幫忙嗎？我們有沒有遺漏什麼東西呢？哪個地方做錯了？哪些部分切中要點？」難以置信的是，他們都回應了！這些研究人員一路幫忙，修正我們的「自我導引學習循環」，才讓它能有今天的面貌。

好消息是，大家都可以學會自我導引學習法。在烤肉聚會中的那位母親想法可能沒錯，她的兒子沒有自我導引學習的技能，但她在這方面的解決之道，是把兒子留在被強加更多安排、組織的環境裡，因此永遠用不上自我導引學習的技能。而他在現實中最需要的，或許就是密集開發這些技能。畢竟，如果在有家庭和學校支持的階段不學習這些技能，要什麼時候才學習呢？進到大學後？找到第一份工作？還是搬出去獨立生活時？

我們學生伊森花了好幾年練習、運用這個學習循環，為自己和他人創造出完整的化學學習經驗。但是他一開始並不具有這些完整的經驗。他在一個小時內開始學習這循環，接著在下一個小時再練習一次，然後又是下一個小時。

設定目標

「你這階段內的目標是什麼？你有兩分鐘的時間，開始！」白板牆上投射出時間倒數的畫面，旁邊是「SMART目標管理原則」的架構。這是由喬治・朵倫（George Doran）、亞瑟・米勒（Arthur Miller）、詹姆士・康寧漢（James Cunningham）設計及發展的原則，包含了明確性（Specific）、可衡量性（Measurable）、可實現性（Actionable）、實際性（Realistic），以及時限性（Timebound）。瓊斯老師提醒學生：「要讓簡報很聰明唷！」

這是自我導引學習法的時段，學校每天會撥出專屬的一個小時給學生，他們可以獨立進行、分成小組或與老師合作。主題沒有限制，從法國大革命的成因到複數、有理指數都可以，依據學生的個人目標，以及他們當天或當週需要完成的作業而定。看到這裡，你可能會覺得有點像是自修課，但自我導引學習法時段，在本質上很不同。

學生進行的事情，是由研究專題衍生出來的學習總目標所驅動，但每天日常的學習，則是由學生和導師討論過而設立的目標所驅動。因此，學生這週末的目標有可能是要精通某個數學概念。在自我導引學習時段觀察的老師知道這一點，導師知道這一點，數學老師知道這一點，學生也知道這一點，因為這些資訊都可以在我們平台裡的「快照區」看到。學生可以選擇把時間用來朝這目標或其他目標努力。

瓊斯老師在教室內走動觀察，當學生在自己的筆記型電腦上努力制定目標時，她會出聲詢問每個人具體的問題。

「這裡的六十分鐘是可行的嗎？或者需要調整？」

「你這個目標要完成的時間在哪裡呢？你預計什麼時候達成目標？」

「當我讀到這部分時，無法知道你的想法；因為這裡並未明確指出你打算做什麼。」

隨著時間流逝，她對全教室的學生說：「當你們擬好計畫後，跟你的夥伴分享，聽聽他的回饋，再做出調整。」

兩分鐘時間一到，瓊斯老師說：「好了，我們來看看大家的分享吧！這樣才能訂定有依據的計畫，讓彼此承擔責任。」她投出一個分享文件，在此之前，學生已把自己設定的目標加進去，因此每個人都可以看見別人的目標。「我們來看看這些目標，當你想著自己的目標與達成它的計畫時，也要想想，班上有哪些資源是你可以使用的？有沒有誰的目標跟你的很接近？」

她停頓了一會兒，繼續說：「現在，我們要花兩分鐘來制定計畫。你打算要完成什麼？你有什麼資源？你對自己的認識有多少？怎樣的工作方式對你最有效果？一步一步把這些詳細列出來，開始吧！」

在這兩分鐘裡，所有學生的計畫慢慢成形，每個都是量身訂做的，卻也有著共通性。很多學生想要精通我們稱為「聚焦區域（focus area）」的部分，不過他們在科目之間有所變動。學生的計畫包括要用診斷性評量，了解自己對於該科目已有的認識、複習所有應該要知道的受詞和字彙、觀看該科目的速成課程影片。有些學生的計畫是跟有同樣目標的搭檔一起研究，互相解釋計畫、做模擬問題，並核對彼此的工作。

自我導引學習時段開始還不到八分鐘，所有學生都已經準備好，要把自己在這個小時制定的計畫付諸行動。有些學生選擇獨立作業，其他學生則是分成小組，也有少數人是找一個搭檔合作。有些學生戴起耳機並拉上帽兜，有些學生坐在椅子上，一些人則坐在地板上，還有少數幾個學生甚至鑽到桌底下工作。當日自願計時的學生，每過十分鐘會宣布還剩下多少時間。

隨著時間一分一秒過去，學生們陸續完成自己的目標，這部分同樣會被投射在白板牆上。當學生按下「結束」鍵，計畫目標轉成綠色，其他學生會對他說：「恭喜！了不起！」或是鼓掌拍手，之後再回到自己的工作裡。

有位學生之前花了很多時間，試著精通一個科學概念，當他達成目標時，有些同學跟他擊掌慶祝，還有一位同學熱烈擁抱他。這些學生知道他花了許多時間在這上頭努力，因此非常明白這成就帶來的力量。

這堂課還剩下七分鐘的時候，瓊斯老師把全班聚在一起，說：「我們來認真思考一下剛才這一個小時，以及我們的目標循環。哪些地方進行得很順利？為什麼會如此？」

「我剛好在時間到的時候達成目標。」大衛露出開心的笑容如此說，同時看向其他同學尋求認同。

「我明白完成你的目標帶來正面的效果。為什麼及時完成是好事呢？」

這時大衛臉色變得嚴肅一些，說：「這個嘛，我整個時段都很努力，因此覺得這表示我設了一個適合自己的目標，也開始明白做這件事要花多少時間，因此可以把時間安排得更妥當。」

「你對自己的認識更深入了。謝謝你的分享。還有誰設下的目標很適合自己嗎？」有好幾位學生舉起了手。

「你有什麼部分進行得很順利？」

莎夏說：「我本來一直搞不懂線性方程式和不等式，並在這方面的目標失敗了幾次。我平常用的方式沒有效果，因此今天看見英格麗和拉吉把這當成目標時，就跟他們一起組成讀書小組。跟他們合作真的幫了我許多。我弄懂了原先不明白的地方，所以今天終於達成了目標。」

「聽起來，你展現自我導引學習法五大威力行為的『轉換策略』。你了解到平常的方式沒辦法讓自己達成目標，因此重新考慮了計畫和轉換策略，很好。」

瓊斯老師就跟其他頂峰高中的老師一樣，整天經常**強化**五個威力行為。這五個威力行為分別是：轉換策略、尋找挑戰、堅持不懈、回應挫折、尋求助力。

她再度向全班學生說：「有哪些人進行得不順利，為什麼？」

「我沒有達成目標。」出聲說話的學生是凱爾，他的肩膀有些下垂。

「這感覺不會很好。那麼，你從中學到了什麼？」

原本沮喪的凱爾，表情變得好奇起來，說：「嗯，我的目標是要精通細胞，但是我以前對此一點都不了解，並不知道這其實相當複雜。我在其他生物學內容都學得相當不錯，因此或許有些過於自信。等到看著診斷評量時，我才明白自己什麼都不知道。我變得有些沮喪，知道自己在這時段不會達到目標，因此沒有像平常那麼努力。」

「謝謝你的誠實。那麼，你在過去一小時的收穫是什麼？你可以把什麼帶到下一個小時來改善自己？」

凱爾回答：「我想我浪費了一些時間，因為知道自己不會達成目標。或許當我發現無法在這堂課完成目標時，就應該要改變目標，那樣可能會讓我更有動力。」

「這絕對是你當時應該採用的策略。聽起來，知道自己在這時段不會達成目標，帶給你精神挫折。我從你的反思中聽見了一個體悟：你對這挫折的回應，原本可以讓你更有生產力。考量到新情況，你本可以用修改目標去回應挫折，然後運用手邊擁有的一切去追求新目標，而不是接受自己無法達成目標的現實，然後不去善用時間。」

「你們已經認出了自我導引學習者所運用，五大威力行為當中的兩樣，『轉換策略』和『回應挫折』。」瓊斯老師繼續說：「有誰在過去一個小時，用上了其他三樣行為嗎？」

安娜說：「蓋伯。他問了我一個關於工業革命很明確的問題。他了解大部分的事情，但有個地方不是很懂。我覺得這是一個很適當的『尋求助力』，因為他已經做出行動，去了解自己不知道的東西，但沒有要求我幫他完成這件事。」

「我想大多數的人今天展現了『堅持不懈』。」陶德也說。「我是說，我們整個時段都很努力。看看有多少人達成了他們的目標，這些目標都不容易呢！」

瓊斯老師說：「我同意。那關於『尋找挑戰』呢？今天有任何人展現出這種行為嗎？」

「我做到了。」庫柏出聲。「我討厭數學，我在這一科很糟糕。但是我們在努力的研究專題很有趣，而我需要知道某些東西，因此今天我決定從數學開始，把它當成我的第一個目標。」

課堂上吃到飽的自助餐

頂峰高中的學生，很多時候不是坐在桌子前面對老師，比較是在教室裡分散開來，各自做著已經計劃好、由自己主導掌控的工作。家長聽到這種現象，都會揚起眉毛，但很少會直接提出疑問，而比較像是暗示的提出回饋，認為這不太像孩子在認真學習的畫面。彷彿我開設的是一間免費任君吃到飽的課堂自助餐，在那些家長的想像中，孩子們拚命用碳水化合物和甜點（或是用 Instagram 和電動遊戲）把自己撐飽。他們實在難以想像，孩子能夠主動做出正確、健康的選擇。

我倒認為比較更接近「Google 吃到飽自助餐」。在 Google 吃到飽自助餐裡，所有食物都有清楚標上紅色、黃色和綠色標籤。

綠色標籤的食物表示健康，每天都應該要吃（例如沙拉、水果、健康穀粒和瘦肉蛋白質）；黃色標籤的食物，代表一週吃個兩次還不錯，但你也不會誇張的一直去吃它（重乳酪製品可能落在這大類裡，肉類和義大利麵食也包括在內）；紅色標籤散發的訊息就是「小心」（例如甜甜圈），攝取的分量要很謹慎，不過，我們往往很容易就會吃過量。這種自助餐的盤子都很小，避免人拿超過自己所需的分量。廚師會在當中走來走去，跟食客聊關於食物的二三事，回答他們的問題，或是說明一般食物供應的資訊。

這就是我們在頂峰高中提供給孩子的自助餐。我們幫忙管理他們的經驗，提供堅實的導引和資訊充足的建議。學生不會在YouTube裡上下滑動，說：「嗯，我今天想要學什麼呢？」相反，他們會和導師一起設定目標，並從我們先篩選過的學習方式中，挑出一種直接用於他們正在努力的研究專題中。老師把時間花在尋找高價值的議題、回答問題、給予回饋，並參與有益學生健全發展的對話。

我們提供的是四星級吃到飽體驗，並不是熬夜不睡、任你隨意狂吃的娛樂表演，也不是不可替換、事先已盛盤的套餐，讓孩子沒有說「不」的空間。不過這不表示每次的學習，都像是瓊斯老師在自我導引學習時段所採用的方式。有時候，事情看起來還真的是一片混亂。

有生產力的失敗

技能發展是崎嶇的過程，孩子需要時間和練習來建立SMART目標管理原則，設定切實可行的計畫。一旦遇上艱辛的地方，再加上隨手可得的科技，孩子就會分心去看影片、玩電動遊戲、傳訊息給朋友，不然就是浪費應該花在學習上的時間。

威爾就是一個做了糟糕選擇的極端例子。他進入頂峰高中就讀後的前三週，在自我導引學習時段裡沒有做過任何事情。我沒有誇張，他真的什麼事都沒做。他並沒有干擾其他學生學習，只是安靜的坐在那裡。他面前的電腦是開著的，學習用平板電腦也是開著的，有任何人走過威爾身邊時，他會假裝在看書，或是把手移到鍵盤上彷彿在打字。他和導師開會設定目標，即使獲得了很多幫助，卻沒有採取行動，朝任何設好的目標前進。

威爾的老師們知道這件事，導師知道這件事，我也知道這件事。我們常談論他的情況是怎麼回事，並思考我們該做些什麼。我們從威爾的紀錄得知，他每年都是靠著勉強及格的成績升級，通常是參加完暑修班才及格。雖然他對課堂沒有破壞力，但是似乎也琢磨出如何做最少的工作，最後仍能勉強跟班上同學一起進入下一個年級——至少在他之前的學校是如此。

我對威爾產生了好奇心，開始坐在他上課的教室後面觀察。在第一個自我導引學習時段裡，他請我到他那裡去。顯然，我不是一個很優秀的間諜。威爾說自己對某些事感到很納悶，他知道我是「負責管學校的」，認為我或許可以幫助他。他表示，這裡跟先前學校所有的經驗都不一樣，他自己沒有往前進步。沒有老師告訴他去做下一件事情，因此，他變成只是**待在原地不動**。這是怎麼回事呢？他很納悶。

這一刻對我來說影響十分深遠，看著這孩子一路跌跌撞撞，走過真實頓悟的過程。威爾理解到自己必須有參與感，必須做點什麼，否則他別想要學到任何事情。先前，他錯把課堂的活動當成自己的活動。隨著談話的持續，整件事情對我來說已經很清楚了：威爾不明白什麼叫「實際」學習某件事，以及他在學習中必須扮演的角色。

對威爾來說，學校從來就不是學習的地方，而是一個「撐過去就好了」的地方。我在談話期間並沒有揮動什麼魔杖，而他突然間開始振作起來，在幾個月內成了模範生。更棒的是，接下來幾年，他參與了我們很多事情。這一切源於一個關鍵性的突破，才使後來的事情成為可能。

對我來說，更深遠的突破，要算是我和一些校外老師提起威爾的時刻。我把這故事當成他在自身學習上的一大躍進，但那些老師則是一臉驚駭的說：「你怎麼可以讓這小孩一個人坐在那裡，什麼事都沒做呢？」很多人指責我處理不當。

我的第一個念頭是：「我沒有正確敘述這故事。」威爾沒有為自己的教育做出任何事，並把「迴避」變成了藝術。他花了三週的時間領悟「自己要在教育上有自主性」這事實，這相當值得。在他離開學校到真實世界掙扎之前，我們有機會為大多數的高中做些不一樣的事，這完全不是在浪費時間。他本來深陷在現有體制當中，得花一些時間去認出這一點。然而，大人時常覺得，如果一個小孩在學習上掙扎，我們應該立即把他拉起來。許許多多關於我們對威爾教育方式的爭論，最後常以僵局收場。

說到底，威爾的經歷幫助我明白，人們對失敗有一種複雜的情結。多數人害怕它落到自己身上，也害怕落到孩子身上。同時，我們也知道孩子應該從失敗中學習。所以說，究竟要如何找出平衡點呢？

不想溺水就學會游泳

當我大約四歲的時候，我們全家人第一次去渡假。我們擠進休旅車，往南開到洛杉磯去，我爸媽都有親戚住在那裡。

這一趟路天氣炎熱、灰塵滿布。我們的車子沒有冷氣，因此抵達當晚下榻的六號汽車旅館時，裡面簡單的水泥泳池看起來就像是綠洲。我還記得那時候的自己，對在家以外的地方過夜與清涼的池水感到很新奇。我不會游泳，唯一一次接觸水的經驗，是站在湖水較淺的一邊，讓我可以玩水又不需要游泳。

六號汽車旅館的泳池沒有分深淺區，因此母親不准我在沒大人陪伴的情況下進泳池，可是她忙著照顧我妹妹。父親不想下水，因此他的解決辦法是：「你總得找機會學游泳。」當我坐在邊緣、把雙腳放進泳池裡擺動時，我記得他說了：「她等一下不是溺水，就是學會了游泳。」在我還沒意會到發生什麼事之前，我爸雙手穿過我的胳臂窩下，把我抬起來扔進泳池裡。

我仍記得我掉入泳池時發出的巨大聲音，彷彿自己撞進什麼東西一樣。要在那一刻學會游泳，幾乎是不可能的，畢竟我沒學過任何技巧，也沒受過訓練；而且我才四歲而已，那種「必須浮起來的本能」大概已被驚慌和恐懼驅散了。往下沉的同時，我不住使勁擺動和踢腿。直到現在，我仍記得在水裡呼吸的可怕感覺，以及泳池底部池水波動的畫面。

當母親跳進泳池救我的時候，濺起了一片水花，然後從我背後猛力一拉。雖然我後來還是學會了游泳，但那過程要比原本預想的還困難許多。因為那次的泳池事件，我只要看到水就會呆住，並確信自己的泳技很爛，直到今天，這創傷仍持續糾纏著我。

雖然有證據支持「從失敗中學習」這基本理論，但「要麼溺水，要麼學會游泳」的方法未必真有成效。要讓失敗產生效益，必須符合下面兩點：第一，失敗者真的從中學到一些東西，因此產生動機，願意再試一次；第二，失敗並沒有永遠關上了未來的門。

如果事關自己的孩子，當他們眼前有個明顯的挑戰（例如一項測驗），我們會想知道哪一條路比較好——要讓他們失敗，還是不要？問題是，雖然考試不及格或學科被當，不會帶來像是溺水那樣的死亡結果，但對家長和孩子來說，感覺還是很嚇人。

真正的後果隱隱逼近：畢業、大學入學甄試，甚至是買到價格合理的汽車保險（至少在加州，學生的學業成績若達到 B^+ 以上，保險費就比較便宜）。這些後果已足以讓許多家長介入或預防失敗。但事情並不是到這裡就算結束了。

由於這樣的壓力實在過大，所以我們的盤算是，從一開始就要避免碰到危機點。因此，我們很自然就開始要把一切都準備好，預防孩子任何可能失敗的機會。於是在不知不覺間，我們有了精細的系統和結構來檢查他們的功課、監督他們的成績與作業、聯絡老師，甚至查核課堂的學生出席率。

老師也不希望學生失敗，因此會提供沒有太大意義的工作，好讓他們可以繼續升到下一個年級。老師甚至肯定學生在這年級裡的「努力」，這其實是大有問題的，因為這讓一些學生在落後得愈來愈遠的同時，仍持續前進。學校提供暑修課程，出席的意義大於學習的意義。大家的出發點都是對的，沒有人想讓孩子輟學；但我們也不希望孩子過度倚賴，讓別人為自己安排每一件事。

諷刺的是，家長為了不讓孩子失敗，奮力要讓「電動遊戲」從孩子的生活中消失，但它其實提供了通往第三條道路的真正洞察力。

瑞特十歲時，常會想盡辦法拿走我的手機，用來玩當時很火紅的遊戲「割繩子（Cut the Rope）」。「割繩子」是基於科學和數學，應用角度和速度的原理所開發的APP，因此我下載這款遊戲，偶爾讓瑞特玩，擁有開心的時光。

在遊戲中，一個名叫歐儂（Om Nom）的可愛怪獸非常愛吃糖果。為了幫助怪獸拿到糖果，玩家必須要割斷繩子，讓糖果以精確的角度擺盪，好落進歐儂的嘴裡。這聽起來很容易，但是搭配了各式各樣很有想像力的小裝置，就變得相當困難，速度也愈來愈快。玩家得破解這些小裝置，才能把糖果送進怪獸嘴裡。有一次我才把手機交給瑞特，他下一秒就動手玩起來，而且速度快到我根本跟不上。

「慢一點啦！」我抗議的說，「我根本看不見你在做什麼！」

「怎麼了，媽？這遊戲的玩法本來就該如此啊！」

我很快就發現，瑞特把繩子割在錯誤的位置，連續好幾次都是如此。糖果怪獸每次都很傷心，但他可沒浪費時間去擔心這一點。我往後坐得舒服些，然後看著他玩。

不久後我清楚的發現，瑞特顯然沒有因為失敗而焦慮。他知道這沒有關係，因此一次又一次嘗試，在過程中理解下一次要切掉哪一段繩子。瑞特的方法有條理也有策略，速度也確實夠快。在不需要擔心失敗的前提下，他可以快速從遊戲中進步，每次的嘗試都變得更好，從缺失中盡可能學習成功。

一星期煮一餐

當瑞特進入頂峰就讀兩年後，每次在課堂上進行自我導引學習循環時，也同樣有類似的機會失敗。他設下目標，制定計畫，動手執行，有時會達成目標，有時則否。我想要在家裡效法這種學習循環，因此和先生利用「煮晚餐」這件事來測試瑞特。

我們全家（包括瑞特）對食物充滿了熱情，事實上，幾乎是到了癡迷的程度。我們喜歡吃，喜歡談論跟食物有關的事，喜歡烹飪。當瑞特十三歲時，我心裡想著：「**嗯，他的年紀已經大到可以學如何煮晚餐了。他沒道理不會做這件事啊！**」

我們與瑞特激烈辯論並故意提出質疑，認為他每週三若不自己做晚餐，可能就沒飯可吃。之後，他同意自己想學做飯。根據我們的推算，就算他到十八歲時只學了十道菜，一旦離家獨立，至少知道如何煮出十餐給自己吃，這樣肯定不會餓死。而瑞特也喜歡一星期有一餐由他完全掌控。

我並沒有因此完全鬆手，說：「好，太棒了，晚餐做好後再叫我吃飯唷！」我和先生非常確定他會失敗。因此，我瀏覽一些食譜，選出幾個他比較容易開始嘗試的料理——不需要一大堆食材，也沒有複雜的步驟和技巧（Google 自助餐！）瑞特從那堆選擇過的食譜中，挑了一個那星期想要嘗試的菜，接著我們一起去買做菜所需的食材。

我一開始就犯了幾個錯誤：首先，在瑞特做菜的時候，我因為有事分了心而離開了一會兒；他缺少了指導，就把東西弄到燒焦。此外，我太過投入。由於瑞特並不知道適當的刀法，當我看到他差點切下手指的時候，立刻插手介入；不知不覺間，就變成了我在煮菜，而他退到一旁觀看。

瑞特缺少一些基本知識，例如為何放食材的先後順序很重要等觀念；但我也不能直接插手幫他做。「直接介入」這想法實在很吸引人，因為在瑞特負責做菜的晚上，總要等很久才能吃到晚餐，廚房也會變得比預計還混亂，而且老實說，晚餐也沒那麼好吃。此前我一直沒意識到，原來過去二十年的練習，使我能炒出爽脆而不軟爛的蔬菜，並且將肉煮成恰到好處的褐色。

既然我的經驗豐富，要花的時間就遠比初學者少很多。但是我注意到，如果瑞特問了一個問題，我的答覆是接手過來示範，他就會放空，有時乾脆就離開廚房。老實說，有時他這樣做，我還比較安心，因為我又累又餓，只想趕快吃到飯；但是這樣一來，瑞特就學不到事情了。接手過來讓自己過於深入，這是我看到家長們不斷犯的錯誤，從個人經驗來看，我可以明白個中的原因。

因此我和史考特為自己定了些規矩。我們決定，當瑞特煮菜的時候，我們其中一人要陪在旁邊，回答他的問題。但同時我們也要做其他事，例如記帳、讀文章等，這樣才不會一直緊盯著瑞特不放。我們得待在流理台的另一邊，如此才不會跨入瑞特的「場子」，也可以控制自己不去接手；就算晚餐不怎麼樣、廚房一團凌亂，都該忍住不批評。我們需要把孩子的學習和發展擺在最優先位置，願意為此忍受一點不舒服。

從瑞特的角度來看，目標是「一週煮一次晚餐」。他定了計畫（包括食譜和食材），然後去執行，並在需要時向我們請益。每次我們吃瑞特煮的菜，都是看他展現所學到的知識。至於反思檢討的部分，我們家一直以來有個制度，就是把每道食譜放進塑膠透明夾中保存，每個人都要用分數一到十「評分」，說明自己喜歡這道菜的哪個部分、不喜歡哪個部分（我說過，我們有點走火入魔）。因此，我們有內建機制，可以給瑞特誠實而有依據的回饋，讓他談論自己學到的，以及下次會改進的地方。

結果我們可以肯定，瑞特正慢慢學著成為一個有能力的廚師。在我們眼裡，這看起來算是相對性的小投資（五年間每週煮一次菜），知道孩子離開家的時候，已具備可以吃得健康的技能。某種程度來說，談到瑞特做菜可能面臨的大失敗，大概是把早餐脆片當做晚餐，但這還算是容易適應的部分。困難的是，我們需要有效的放開手，相信他逐漸發展出條理的成長過程。

角色的改變

要看著孩子失敗（即使是把晚餐燒焦這種小事）是很困難的，但是我認為，在自我導引學習上的掙扎要更為深層、複雜。事實上，當孩子導引著自己學習時，父母的角色改變了，而這新角色的面貌，不一定總是很清楚。

某個週六早上，整棟屋子內外很安靜。我過去一週不在家，在凌晨回到家時，每個人都已經入睡了。當我去拿當天第一杯咖啡時，蹓完狗的史考特走進了廚房，看起來非常洩氣。

「在公園發生什麼事了嗎？」我問。

「你不在家的時候，我試著幫瑞特解決數學上的問題，結果根本就是一場惡夢。」史考特開始就事論事的說著。「你們學校沒有教科書，因此我想不出來，他應該要怎麼解數學問題，因為他解答的方式，跟我所知道的不一樣。」

就這樣聊了一會，我明白史考特不是在對他妻子說話，也不是對公園有什麼怨言，而是對兒子所就讀學校的領導人說話。我改變了方式，問：「你可以告訴我，發生了什麼事嗎？」

他深吸了一口氣，說：「瑞特這週在研究數學，並且要我幫他。我看了他試著解開的問題，一時想不起來該怎麼解，於是問了他；但他解題的方式，跟我在學校學到的不一樣。所以我想跟他要數學教科書來看，結果他沒有書。我又跟他要講義之類的，但是也沒有。他只有線上學習網。」

我點點頭，再問：「接著發生了什麼事？」

「我們必須一起在學習網找相關的題目。光是這樣，就花了二十或三十分鐘。」

「然後呢？」

「然後我們利用學習網上的資源，明白了怎麼解題。瑞特解開所有題目，我們開始核對答案，其中有一題不正確，但我不知道為什麼這一題錯，也不知道怎麼做才能得到答案。」

「你們沒辦法一起解開那道題目很重要嗎？他不能找老師幫忙嗎？」我問。

「這個嘛，他就沒完成作業了呀！」史考特這麼說。

「這為什麼很重要？在我聽起來，你們花了三十分鐘一起弄懂了這個概念。這不就是我們要的嗎？要讓他明白數學。」我謹慎的表示自己的想法。

「但他沒有把所有題目正確解開啊！」他如此說，彷彿我錯過了重點一樣。

「他可以從老師那裡得到幫助，解開最後一個問題嗎？」

「可以。」

「那我就不明白你的憂慮了。他不必把那些題目交出去，也不是要靠這些題目才能畢業。這些題目是幫助他學習這個概念。如果他明白了，也開口請老師和你幫忙，這不就是我們希望他做的事嗎？」我真的很困惑。

「我不知道如何幫助他。」史考特解釋。「我一向都知道應該如何幫助他。通常，我都是快速翻一下教科書，記起來如何做這題，再演練一次給他看。這次我卻做不到，我們還得一起看影片去理解那概念。」我從史考特的聲音中，聽出了一絲恐懼。

在那一刻，許多事情開始聯結起來。這不只是史考特煩惱的事，也是我在許多頂峰家長身上看到的憂慮。在瑞特過去小學六年的時間裡，史考特知道也明白自己的工作。我負責英文，他則負責數學。他知道怎麼做好這工作，一切原本很熟悉、自在；但是突然間，他不再知道怎麼做好家長的工作了。

關鍵在於，我和史考特就跟所有家長一樣，喜歡「孩子需要我們」的感覺。當瑞特開始使用各種工具，建造各種技能來導引自己學習時，我們的角色因此完全改變了。「兒子知道得比我們多」這一點讓人很不舒服，但這是讓他做好準備的最佳方式。而且隨著時間過去，我們也會理解出自己的新角色、新位置。

第六章

反思：麥克斯的導師

一個又一個研究顯示，孩子在學校若跟一位成人維繫有意義的關係，他後來的發展表現，會比沒這種關係的學生好得多。但學校裡往往沒有適當的制度，能讓這件事成真。

在一間擁有一千五百名學生的典型高中裡，一名諮商老師的工作量，常常是要輔導數量介於**四百至五百名**的學生。我之所以對這一點非常清楚，是因為曾管理過諮商部門。以四年為一個階段，一名諮商老師平均花在每個孩子身上的時間，只有二十五分鐘，他們根本沒法成為導師或孩子的代言人，而成了資料處理機。他們也只能做到這種程度，不可能認識每一個孩子。

等到學生申請大學時，有哪位非常熟悉他的人，能夠幫忙寫推薦信呢？可以肯定的是，絕對不會是諮商老師。若學生有幸通過大學先修課程的測驗，那麼請課程老師為自己推薦，或許是個不錯的選擇，還可以讓各大學對自己印象深刻。此外，英文老師的文筆通常也相當好，不是嗎？其他每個學生也都是這麼想的，因此都會請大學先修課程的英文老師為自己寫推薦信。

不過，這些老師光要教書都已是一大負荷，不可能同時寫出二十、三十、四十封推薦信，因此他們不得不設下極限。而最糟的情況是，老師答應幫忙推薦，但迫於時間的壓力，因而使用內容相同的罐頭推薦信，只是把學生的名字換掉。

我在山景湖高中當副校長的第一年，就曾親眼見過這種事。史丹佛大學拒絕我們好幾位學生的入學申請，原因是他們的推薦信內容一模一樣。他們認為，若老師連好好寫推薦信的時間都沒有，那學生一定也不會為入學許可，好好花時間用功準備。我能理解史丹佛大學的立場，但也明白我們老師背負的龐大工作量。

我們想要不一樣的方式。學生在校的最後一年，要怎麼做才能讓老師和導師去認識、了解他，並認為寫出具獨創性的推薦信是再自然不過（甚至很容易）的事？我們決定從「班級教室」的概念開始，要讓教室真的有家的感覺，令人覺得很安全；學生可以到這裡尋求支持，大家也會認識你。

身為高中老師，我知道孩子們很渴望有這麼一個地方。我的教室在上課前和午餐時間都被學生占據，他們覺得沒有其他安全的地方可去。學生在我的教室裡獲得庇護的平靜感覺，同時也尋找著人際的聯結。他們時常會想幫我的忙或跟我談天，分享自己生活中的細節。說真的，他們想要被看見。

我們在成立頂峰高中時，就決議要設立導師小組。我們借鑑大量支持諮詢計畫的研究，刻意稱呼我們的老師為「導師」。顧問會提供建議，而導師是有經驗、可信任的嚮導。每位導師和每個學生都有專屬的關係，但他們也帶領一個花很多時間彼此相聚的小群組。他們是頂峰大家庭裡每個學生最根本的核心家庭。

我們在選擇多相性的小群組時非常小心，會利用性別、種族、學業能力和經濟背景達成平衡。我們希望每個小群組都能緊密的聯結，就像是霍格華茲學校裡的「學院」一樣。雖然我們差點也要弄個像是霍格華茲學生「學院分類帽」的儀式，不過的確把「學生進入各自的導師小組時，會受到熱烈歡迎」這部分看得非常重要。

導師的角色是把學校的價值帶入平常生活裡，讓孩子們內化並實踐出來。導師群每週固定聚會講述大家的目標，並相互幫助解決彼此的問題。每位學生每週也會和自己的導師一對一見面。導師認識小組裡所有學生的家庭。他們會到家中拜訪，得知該學生是不是有六個兄弟姊妹的傳統家庭，以及在學生母親失聯或不懂英語的情況下，導師可以跟哪一位姊姊談話。

更重要的是，導師群年復一年都會待在原本的小組裡，不會改變。每一位導師手上掌握十五至二十位學生名單，得以完整認識每個學生，與他們碰面並提供幫助，讓學生達成自己設下的目標。這麼一來，幫學生寫推薦信的人選也就很明確了。

當有人相信你時……

我們很快就看見導師制計畫帶來的驚人影響。一切起於現在稱做「暢所欲言」的研究專題中（如今已成為頂峰高中的階段儀式）。

亞當和凱莉老師在創校第一年時設計出這研究專題，每位在頂峰讀到九年級的孩子都參加其中。他們要求學生找出一樣自己最有興趣、想要參與的科目，詳盡的研究該科目，並寫成一份報告。接著，學生要把論文改成演講稿，不斷練習再練習，甚至在練習的同時，還要避開眼前的障礙——亞當會在班級裡設計一些障礙，要求學生練習演講時穿梭其中。

學生必須在一小群同學面前演講，然後在更多學生面前演講，直到在所有九年級學生面前完成演講為止；這段期間，他們會持續接收回饋並加以改進。最後，九年級學生會選出他們認為表現最棒的六至八名學生，讓他們在頂峰高中全體學生面前發表演說。「暢所欲言」研究專題改變了傳統的樣貌：不再是由高年級對學弟妹演講，而是顛倒過來。

有明顯口吃的新生麥克斯，是第一批開始「暢所欲言」研究專題班級的學生之一。當他聽到「演講」兩個字時，感覺相當驚慌。他盡力做好研究和寫出報告，卻暗暗希望亞當老師不會要求自己演講。

亞當還沒當麥克斯的導師之前，已帶領過頂峰高中許多學生。他就像我們其他老師一樣，把導師制思維帶入了教學之中。亞當以穩健、鎮靜和堅定的口吻告訴麥克斯，他需要完成整個任務，並保證他在過程中會得到很多幫助。於是麥克斯開始練習，而他每天都會告訴亞當，自己的情況有多糟糕。

麥克斯把自己安排在最後一天、最後一位上台演講。因為口吃的緣故，他說話的步調非常緩慢，最後花了比預計多五倍的時間才完成演講。雖然他的演講導致課堂延長了好幾分鐘，但每個人都安靜的坐在位置上聆聽。等到麥克斯講完，全班同學都站起來歡呼，並將他評為全班演講最好的學生，意思是他得繼續在全校師生面前演講，而偏偏這日子被安排在隔天舉行。

起先，亞當擔心學生投票支持麥克斯去演講，是為了要捉弄他。他到我的辦公室報告最新情況，說：「我當下的反應很失望，因為我們這麼努力想開創美好的學校文化，但這些學生對麥克斯卻很差勁。他們試著設計他，讓他失敗。」但後來他個別跟學生查證，發現他們真心認為麥克斯的演講很了不起，當下也只能同意了。麥克斯努力寫出很棒的演講稿（心裡同時希望可以不要演講）獲得了回報。客觀來說，他的演講確實是當中最好的一個。

麥克斯的反應一如預料。他向亞當表示，隔天不想來上學。亞當把麥克斯的導師安潔莉卡拉進來，在放學後和麥克斯談了好幾個小時，仔細討論整件事並想出策略。麥克斯認為自己已完成了研究專題，也上台演講過一次了，他們還想要他做什麼？亞當和安潔莉卡則要麥克斯回想，當他做了一件原以為做不到、沒興趣嘗試的事情後，有什麼心得。

麥克斯不情願的承認，完成這件事並獲得同學起立歡呼的感覺很美妙。他提到自己開始演講後，就全心專注於要完成這件事，沒去想其他事情，也不確定自己是否有辦法說得更好。亞當瞧見了機會，就問麥克斯下一個目標是什麼。

這就是導師制思維的好處，過去好幾年以來，我不斷看見同樣的場景：整個團隊聯合起來支持一個學生。我們的老師同時身兼二職——教師和導師，他們讓每個角色隨時通知另一個角色，使兩者同時更為強壯。

亞當和安潔莉卡告訴麥克斯，要不要上台演講是他的選擇，但是也指出：「你知道的，如果明天不出席，將來是會後悔的。」麥克斯不肯承認這點，但也說自己會想想。

接下來的發展聽起來有些不可置信。麥克斯當晚上網學習如何治療口吃，發現有一個方法，是可以在耳朵裡放入一個機器，剛好即將關門休息的社區中心有這裝備，而他們也願意等麥克斯過去領取。為何之前從來沒人研究過這東西，到現在仍然是一個謎團。但我們知道的是，這是麥克斯第一次親自處理口吃的問題，找方法做自己的後盾。那天晚上，他戴著機器練習演講，把時間從二十分鐘縮短為八分鐘。他體認到自己真的要做這件事了。

隔天，全校學生聚集在我們最大的教室裡聽演講。我們把那裡稱為「舞蹈室」，因為裡面有一整面牆，從天花板到地板都裝上了鏡子。我們以前會用抽籤決定誰必須在那間教室上課，因為要一群青少年不去注意他們在鏡中的模樣，實在非常困難。儘管這教室既古怪又很不傳統，我們也學會要善用現有設備——畢竟能有這間教室已經很幸運了。

教室裡擠滿坐在地板上的學生，前方是一個老舊舞台，上面貼滿政治語言的保險桿貼紙，正等著我們的演講者上台。麥克斯的父母整晚和安潔莉卡通電話，他們經歷情緒的雲霄飛車，在極端和謹慎的樂觀之間來回擺盪。他們完全不知道自己該做什麼，不過最後仍同意讓麥克斯自己決定。

麥克斯的父親是一名水電師傅，有著虎背熊腰的體格。那天早晨他偷偷摸摸的來到學校，告訴我們：「麥克斯說我不可以到學校來，但是我需要在這裡啊！」我們將他安排在教室末端的入口處，讓他可以看見麥克斯，麥克斯卻不會看到他。亞當還記得，麥克斯完成演說時，轉頭過去看見了父親，發現他正為所有人起立替自己兒子大聲喝采而感動落淚。

多年以後，亞當和麥克斯重新聯繫上，麥克斯向他表示，那天在全校師生面前演講，仍然是他這輩子的難忘時刻。

我對於那一刻也難以忘懷。我記不得麥克斯演講的主題了，但仍記得當他演講完畢時，臉上興高采烈的神情，那是一個人達成自己不信可能發生的事時，才會出現的表情。突然之間，他對於自己的觀感完全改變了。我也謹記著：當你很熟悉自己的學生，當你跟他們建立起個人的聯結，當你為他們創造一個安全的地方，並讓他們可以認識別人和自己的時候，會發生什麼樣的奇蹟。

反思的力量

導師的角色有很大一部分，就是做亞當和安潔莉卡幫助麥克斯的事：提出問題，激發孩子反思自己想要什麼、自己是誰、在意什麼、感覺如何，以及最終的目的——為了達到想要的結果，應該做些什麼。不是因為有人告訴他們這麼做，而是本身想要這麼做。在反思的時刻裡，學習和成長也得以發生。我們學校承諾把導師制和反思加入課程，因此我們在做每件事情時，都會加入這方法。

頂峰高中二年級的英文課，已進行好幾週的「熱血研究專題」。該研究專題的核心問題是：「你可以如何讓自己的興趣、好奇和熱情，對所在的社區更有貢獻，以及讓自己更好？」每個學生選好一個題目，然後深入探索和研究。

初期步驟是把自己的題目告訴其他同學，因為隨著計畫發展，大家會從彼此的主題中學習；接著，他們會在部落格上記錄自己探索的進度，逐漸發展與自己主題相關的專業知識；最後步驟則是寫出一份演講稿，在課堂上以類似 TED Talk 的方式和同學分享。

從某些方面來看，這研究專題在設計上跟「暢所欲言」類似。培養學生不斷練習技能和習慣的能力至關重要。儘管孩子是在複習熟悉的技能，但他們之前已挑選全新的主題，因此整個研究專題感覺還是很新鮮、有趣。

我參與的那一天，學生們才剛開始複習計分指南，他們以此做為給其他人演講草稿的回饋。何蔨蒂老師提供一疊示範文章，內容表現涵括從普通到專業。學生的任務是利用指南給予這些文章回饋。除了其他關鍵技能外，他們就「作者的主張」和「證據的應用」兩項來做評論。

身為前英文老師，我給出的文章回饋若沒有上千篇，至少也有好幾百篇，因此感覺相當自在，並詢問能否加入某個小組，而學生們遞給我計分指南與範例文章。當我們在練習給予回饋的部分時，我感覺就像是跟一群同儕做事。這些學生真的很善於給予明確、詳細和準確的回饋。我想找出任何他們可能遺漏的部分，結果什麼也沒找到。

老師要學生把回饋貼在分享資料夾裡，如此一來，全班可以立即在網路上看到。同學要寫出自己如何對每篇文章評分，再由小組的一位成員解釋理由。如果不同小組有矛盾的地方，全班會一起討論，直到每個人都清楚了，再繼續下一篇文章。

這班級有系統的校正著計分指南。在三十分鐘的時間裡，教室裡每個學生都大致了解老師（和我）會如何為這些文章打分數，在「如何修改」這部分，也能給予相當明確的回饋。

這個練習相當聰明且有力。我想到自己有好幾次，把整個週末用在批改一篇篇的文章上，試著盡可能給出有用的評語；沒想到學生只看了看分數，就把它塞進筆記本裡（更糟的是扔進垃圾桶裡），不曾再看一眼。我煞費苦心寫下的所有注記，就這樣全都遺失了。當學生交出他們下一篇文章時，我幾乎會找到一模一樣的錯誤。

到後來，我會先和學生單獨開會，使用計分指南，並且給予回饋，然後才讓他們交出最終的草稿，情況也因此大有改善。但是，這種方法仍是繞著「老師」身分給學生提示，而他們多數也只是照著我說的去做而已。

在「熱血研究專題」中，是由孩子給予回饋。他們真的把這些期望內化了，因而更能開放的接受別人的回饋，因為他們明白個中道理。最後，這些評論全是在擬草稿的**早期階段**進行，在這段時間，學生朝著最終成品努力，所以也最能學習和成長，因為最終結果不只會呈現在同儕面前，也會被加以評量並打出分數。思考其他人寫作的過程，是增進學生寫作能力、強化自我省思的關鍵部分。當我下一個小時看著十年級上課的學生時，發現自己渴望有機會能再教書，如此一來，我就能用這方法來管理回饋。

以前教書的時候，學生會看著我打的分數，心裡只在意上面的字母，想著：「**她給我一個B**。」但是現在這群學生卻能想見大方向：「**我的主張拿到六，但我提證的部分是五**。」以前教書的時候，學生會得到他們的分數（不論好壞），知道自己對結果無法再做些什麼，因為分數就是分數，不會改變，所以對評語——指出我看見的問題，或是他們哪些地方可以不一樣——不會感到好奇。

我知道那是種無助的感覺，因為我過去還是學生時，也處在同樣的位置。但是現在這群學生正看著自己得到的回饋，努力思考著。他們消化在其他同學文章裡看到的東西，試著理解怎麼把那些東西，應用到自己的文章裡。他們有做這種思考的空間，有持續努力的誘因，而這也提高了他們的動機。

以前教書的時候，學生覺得我給他們的分數，就是在**描述**他們。但是現在這群學生明白，分數只是描述那段時刻他們某技能的表現。如果不喜歡這分數，他們有能力去**改變**。

「反思」出現在頂峰高中每天的課堂中，是學習所有技能並成長最關鍵的部分。它對設定目標相當重要，在自我導引學習循環中也占有很高的價值。反思的重點在於，通知自己下一個目標的設定，因此帶來改善和進步。

在這群學生的例子裡，每個人設定的目標是「寫出類似 TED Talk 的演講稿」。有些人來上課時帶了完整的演講稿，有些人完成了部分的草稿，其他人則因為各種理由，尚未寫出任何草稿。不管怎麼樣，他們都能夠從校正和回饋當中獲益。

那些還沒寫草稿的學生，會更加了解其他人的期待，以及自己和同儕之間的關係，以此幫助他們開始寫作。他們會得到來自小組的鼓勵，放手去寫；在課堂內，老師也會給予個別指導，幫助這些人理解自己**為什麼**沒有執行計畫，以及如何可以不停滯。

何南蒂老師讓學生們識別出自己想要的結果、自己做的計畫，以及什麼阻礙了他們。她促使他們去考量自己的情緒和行為，並且站在別人的立場上去考慮事情，包括她自己。她問了這樣的問題：「除了你以外，這研究專題對其他任何人有影響嗎？如果有，是在哪方面？」

雖然大家都回答「有」，但是各有不同的理由。舉例來說，有人說他在學校的表現影響了自己的母親，因為母親的夢想是看到兒子受教育，以她自認達不到的方式獲得成功。對其他人來說，他們在研究專題的表現，對於所選的主題有影響，因此「單板滑雪為何需要成為新的奧運競賽項目」能激勵世界各地的單板滑雪手；「我和亞洲黑熊」可以幫助拯救瀕臨滅絕的動物。在每個情況下，學生在結束對話時會知道自己的目標，明白為什麼這對自己很重要，以及想達成目標所需要的明確計畫。

美國學校體制傳統的評分模組，正是缺少「反思」的練習。回顧以往，我為那些沒有完成指派任務的孩子（考零分、不及格、因遲到而被扣分）所用的教學法，根本無效。我從前的教學沒有幫助學生學習到寫作技能；因為說到底，在學生沒有繳交任何東西的情況下，我要怎麼給予回饋呢？我從前的教學法對於激勵學生也沒有助益，因為一旦他們被困在洞裡，感覺就不可能再走出來——在許多案例中確實是如此。

我從前的教學法也沒幫助學生自我導引學習，因為他們可能會不可避免的責怪老師、作業或完成期限。教學整個重點在於我給他們方向去遵從，不然就拉倒。我們的討論從沒有關於讓學生**掌握**自己的學習這一塊。我從未要求學生去思考自己的學習過程，以及如何讓這過程運作得更好。對他們來說，我並不是他們的導師。

瑞特十二歲的某天傍晚，我提醒他要寫一封感謝卡給某位朋友的母親，因為她之前帶著瑞特一起旅行十天。那時瑞特正在玩樂高，顯然不想扔下樂高去做這件事。其實我小時候也很討厭寫感謝卡，因此在嚴肅說話的同時，也多了份同情：「現在。只要幾分鐘就完成了。有感激的心是很重要的。」瑞特嘆了口氣，同意去寫卡片。在黏起信封之前，他給我看了卡片：

親愛的莉拉：

謝謝您帶我一起參加亞歷克斯的老鷹童子軍旅行。非常好玩。謝謝您。

瑞特

呃……儘管這感謝卡還是能達到目的，但並沒有顯示出瑞特真正的寫作能力，或者顯示這經驗對他來說有多美好。我不想跟瑞特吵架，希望展開一段有生產力的對話，但是要怎麼做呢？我在重複閱讀卡片內容的同時，腦袋飛速思索著，然後轉過來面對瑞特。當天在「熱血研究專題」參與的過程，給了我一個靈感。

「嘿，小傢伙，感謝你願意坐下來寫卡片。我在想，你寫感謝卡給莉拉的目的是什麼？」

「因為你要我這麼做啊！」

「對，我的確是要你寫一張感謝卡給莉拉，因為她帶你去了一趟你超愛的旅行。但是除此之外，還有什麼其他原因嗎？」

他停頓並思考了一會兒，然後說：「這個嘛，我真的很謝謝莉拉。她容忍我們這些男生，還做了很多事，確保每個人都玩得開心。當我生病的時候，她照顧我。」

「好的，你覺得她知道你的感覺嗎？」我問。

「在機場時，我有說謝謝。」瑞特說。然後他心虛的補充一句：「但我們那時非常累了，因此她可能不知道。」

「你想要讓她知道嗎？」我詢問。

「嗯，想。」

「好，你寫感謝卡的理由，是想讓莉拉知道你很謝謝她，以及她為你做的事。這看起來值得你花幾分鐘去寫，對嗎？」瑞特點點頭。

「那麼我的下一個問題是，這張卡片真的傳達出你想跟莉拉分享的訊息嗎？」

「有。」他快速而肯定的回答。

「你確定嗎？你再看一看。」我催著他。於是瑞特拿起卡片。

「你何不大聲唸出來給我聽？」他翻了翻白眼，照做了。

接著我又問：「你們在學校不是學習提出一個論點，然後用證據來支持它嗎？」那時，瑞特已就讀頂峰高中的中學部。

「是啊。」

「這不是相同的技巧嗎？你不是說很感謝莉拉，因為她的努力，讓你有很棒的體驗？」

「是啊。」他再度回答。

「所以，如果用關於論點和證據的計分指南來看這張卡片，你會給自己幾分？」

他深吸了一口氣，不情願的說：「兩分。」

「你目前在學校做的作業，希望拿到幾分？」

「五分。」說到這裡，瑞特轉過身走開，嘴裡說著：「我懂你的意思了，我會重寫。」

當他離開房間的時候，我朝空中揮出拳頭宣告勝利。在親職教養上，我可不是每一天都得到這麼好的結果呢！當事情順利的時候，感覺肯定非常棒。如果我能保持冷靜、不洩氣，把每天在頂峰高中使用的基本提問方法運用於生活，我在母親的角色上，肯定能更加進步。

問對問題

身為家長，我們**應該**也具有導師的角色。我們希望被孩子信任，花了一年又一年的時間餵他們吃飯、幫他們洗澡與穿衣服、幫忙遮風擋雨、進行培育教導、和孩子玩耍，所有這些舉動都是在建立信任。但是擔任導師的角色，說比做容易多了，我們將太多心思投注在孩子身上，因此使他們被各種情緒包圍，也攪亂了我們往後退一步的能力。

我持續和瑞特努力的一件事，是把自己的情緒和自我擺到一旁，單純的支持他。我盡可能傾聽，問真誠的問題，幫助他看見自己在某個情況中的邏輯和情緒。

我努力不去打斷瑞特說話或評斷他，讓他自己做出看起來是我不在場就不可能實現，卻不是由我主導的結論和決定。頂峰高中的導師，一直有一套可運用的問題，當我在教養小孩時，也會努力使用這些問題。這些是開放式的問題，能令人深思以尋找答案：

- 你想從這個情況中得到什麼結果？
- 你現在有什麼感受？
- 你現在表現出的是哪一種行為？
- 哪些行為有效果，或是哪些行為沒有效果？為什麼？
- 如果把自己放到其他人的立場上，你覺得他們有什麼觀點？
- 你覺得自己可以扮演什麼角色，才能達到你想要的結果？
- 你還需要做什麼事把人際關係變好？

我們不僅詢問各種需要沉思的問題，也會請學生寫下來，這在調解兩位以上學生的衝突事件時尤其有用。

我記得有一回，賈思婷坐在會議室椅子上，身體往前傾，左腳跟快速輕跺著，兩隻手緊抓著頭髮，眼睛死死盯著前方桌上一疊粉紅色的紙。

我走進會議室，一路來到賈思婷旁邊的位置時，她一動也不動。由於她看起來是如此焦慮不安，我刻意坐得近一些，讓她知道我就在身邊，但又保持一定的距離，給她些許空間，然後默默等待著。幾分鐘之後，賈思婷轉過來看著我，臉上充滿怒意，以充滿挑釁的態度開口說話：「我沒有做錯任何事。」

我刻意擺出「坦誠」的身體語言，兩隻腳在地板上，身體面對她。我以冷靜、不帶任何情緒的語氣說：「我真的不知道發生什麼事，也想要了解。你不妨拿一張眼前的意見表，根據上面的問題寫下自己的想法，我們再來談談。」

「我沒有筆。」她回嘴。

「這可以解決。」我邊說邊遞給她一枝筆。同時，走廊底的一間教室裡，凱莉老師正和伊絲黛爾進行非常類似的對話。

賈思婷寫了大約十分鐘。我提醒她和我分享第一個問題：描述發生的事情。她以近乎爭吵的方式對我說話：「伊絲黛爾在我後面說我壞話，我才不會忍受這種侮辱，因此我告訴她，我知道她做了什麼事，以後最好不要再發生這種事。然後她就開始對我尖叫。」

「你現在感覺怎麼樣？」

「我非常**火……生氣**。」

「還有其他什麼感覺嗎？」我追問。

「不受到尊重。」

「這種感受底下，是什麼感覺？」

「什麼意思？就是不受尊重啊！」她說。

「沒錯，而這讓你感覺受傷？脆弱？沮喪？或是其他的感覺？」

她停頓了一會，然後眼睛垂下來，說：「她應該是我的朋友啊……朋友不會說彼此的壞話。」我帶著鼓勵的眼神看著她。她繼續說下去：「我很氣她做這種事！我……我現在……沒辦法信任她。」

「這讓你有什麼感覺？」

「感覺我不能當她的朋友了。」

「看起來這可能讓你很難過。」

賈思婷緩緩點頭。我看著她大約一分鐘，然後將焦點轉回粉紅色表單的問題：「你可以從伊絲黛爾的角度，描述發生了什麼事嗎？」賈思婷在這題下面寫著「一樣」兩字。我們來來回回談了十分鐘，才終於達成共識：賈思婷承認，只是「聽說」伊絲黛爾講了自己的壞話。雙方對質的時候，伊絲黛爾是否認的。

下一個問題是：「你在這情況的角色是什麼？」這讓賈思婷更進一步去思量，自己不想聽伊絲黛爾說話，以及她和伊絲黛爾對質的激進方式，促成了緊接而來的尖叫事件。

冷靜許多之後，賈思婷開始更清楚思考整個情況，愈來愈好奇伊絲黛爾到底想說什麼。她不情願的承認，伊絲黛爾可能其實沒說她的壞話，甚至進一步想到，如果被指控做了一件自己沒做的事，感覺一定很糟。

我和賈思婷討論，一起演練她想讓伊絲黛爾知道的事，以及她能做什麼來修補這情況。幾分鐘之後，我們和伊絲黛爾一起坐下來——她也和凱莉老師進行過同樣的對話。有了我和凱莉老師的鼓勵和支持，兩個女孩針對問題，說出了各自的回答。她們需要一些提示，以及各自帶著的筆記，才不至於又陷入憤怒和叫喊的場面。隨著對話的開展，她們真的聆聽對方說話，也很努力修補彼此關係的裂痕。

在大多數的學校裡，當兩個孩子競相尖叫、嘶吼時，通常是大人沒有注意到，就算真的注意到了，孩子也會受到訓誨，搞不好還會被罰一天不准來上課。不幸的是，懲罰並不能真正處理一段關係中的問題。

我們經常看見，人與人爭吵的影片被傳到社群媒體上，使得情況惡化，進一步造成人們之間長期爭執，甚至暴力相向。不同意對方、感到憤怒、覺得受傷，以及傷害他人……這些都是人的天性。

學習修補破裂的關係是健康的事，如此，一段關係才不會惡化到無可挽回的地步。相對的，在修補裂痕的過程中，彼此的關係會變得更強韌。我就跟許多孩子一樣，沒有從我父母身上學到如何修補關係，因此我發現自己在頂峰高中裡，也跟著孩子們肩並肩一起學習。

反思表單抓住「利用問題修補關係」背後的基本科學原理，激勵兩方站在對方的立場上，感受彼此的情緒，清楚表達事實，尋求自己在這情況下可扮演的角色。不過表單只是工具，若沒有導師的支持和引導，透過提問和扮演讓人反思的鏡子，要想從中「成長」幾乎不可能。

這整個工作做起來既耗時也費力。絕大多數人不喜歡衝突，寧願避開，或是盡可能讓它快速消逝。因此，學生覺得避開人群比和人打交道要容易許多（在學生數量眾多的學校更是如此），除非是不得不面對的狀況，否則能閃就閃。

讓孩子具備發展和維持健康的人際關係，傳統上並不是學校教育的範疇，要接下這種責任，就需要做出承諾。學校必須創造出一個共同體（也就是大家庭）的概念，其中的每一種關係都很重要。如果沒人相信，社交技能是預備孩子邁入成人階段的一部分，而學校的架構也不容許花費時間去堅持完成，那麼基本上就無法成功。

然而，當學校承諾進行指導和反思，孩子會在發展人際關係技巧和能力背後，獲得更大的助益，進而覺得自己很安全。同樣的反思過程，能幫助孩子開始明白自己是誰，最終培養出自我意識。

「持續的興趣」vs. 生涯及主修科目

我觀察最近的一對一私人輔導課，對象是一名叫做大衛的十一年級學生。大衛才剛完成我們稱為「遠征隊」的實習體驗：學生在一年期限內，針對自己感到興趣的科目領域，進行深入的探索。大衛的遠征隊，是在本地一家大型科技公司實習，他被安置在公司的工程團隊，學習軟體編碼，並把握機會，充分探索這方面的經驗。這一天，我觀察著大衛和他導師，針對這次的實習體驗進行反思。

「你對這次的實習設下什麼目標？」導師李老師這麼問大衛。

「嗯，我試著弄清自己為何想上大學讀書。程式工程師可以賺很多錢，所以我嘗試寫程式，看看這是不是自己想做的事。」

「告訴我這次實習經驗順利的地方，以及原因。」

大衛說：「我喜歡待在公司，感覺很棒。我的意思是說，有免費的食物、免費的零食、很了不起的科技，不僅可以免費剪髮，還有健身房和排球場。」

「很好。」李老師帶著一抹笑容。「這麼說，你喜歡科技公司方便的設施。就這一個原因嗎？或是還有其他的理由？」

「嗯，他們人很好，我感到被尊重。我是說，他們很信任我們，相信實習生知道該做什麼並且會做好。為了確保我們不會分心，他們提供所有完成工作需要的東西。我喜歡被尊重的感覺，覺得自己像個專業人士，可以自己做決定。」

「很不錯。還有其他順利的地方嗎？」

「我真的很喜歡團隊會議。尤其他們每次都以一個問題開場，每個人試著解開問題。那些問題都很有趣，大多數時間裡，我都不知道原來問題真的能解決。聽到人們許多有創意的想法，真的相當了不起。雖然有些點子不怎麼樣，但總會出現一個很棒的點子。」

「好，你喜歡的那些會議中，有哪些是『持續』出現的關鍵字？舉例來說，我似乎聽到你說自己喜歡要『解決問題』的部分。」

「對，解決問題。我喜歡腦力激盪，感覺很有創意。我喜歡大家一起工作，彼此提供點子給對方的感覺。」

「所以說，是解決問題、腦力激盪、創意思考的部分。那有哪些地方是不順利的？」

「寫程式！」大衛重重的嘆了口氣。

「嗯，好。跟我談談這部分吧！」

「我討厭坐在電腦前好幾個小時，獨自工作。我知道自己還沒那麼厲害，但就算我變得更有能力了，還是無法想像自己整天做這件事。我遇見的一些工程師——好吧，其實是絕大多數——喜歡這部分。這是他們最愛的時刻。」

「你這樣敘述讓情況清楚多了。你不喜歡這件事的哪些部分？」

「我不喜歡要獨自工作很長的時間。我不喜歡必須自己獨力做一大堆事。如果一個小地方出錯，全部都不能運作，這讓人很洩氣。」

「這麼說來，我聽到你發現自己不喜歡長時間獨自工作，以及對於需要完全精確的工作感到沮喪。」

「對。但是我發現另一個不是工程師的角色：產品經理。他們會跟工程師一起做事，而且大多知道寫程式的基本知識，但就我所見，他們的工作是找出科技能為人解決怎樣的問題，再把這部分轉換成可以真的被打造出來的產品。他們會參與我們所有的會議，我也有跟其中幾位說過話。」

大衛在經歷六週實習體驗的探索之後，就發現自己對於寫程式的感覺，而不是等到花很多學費在大學主修科目，學到一半才明白到這一點，這可說是一個重大勝利。儘管如此，許多人仍會將這次實習視為失敗。大衛沒有釐清自己想主修什麼，或是打算追求怎樣的職場生涯。如果他被問的是一般標準問題：「你想要當程式設計師嗎？」答案可能就是「不想」，但某些更重要的東西可能因此被遺漏。

「你想做什麼？」「你想要什麼樣的工作？」「你想要主修什麼？」這些常見的問題聯結到常見的結果：孩子會找到一個答案並抓住不放，例如「醫生」、「律師」、「老師」或其他種種。這情況也可能在實習體驗發生，但是大衛和他的導師用反思的角度，挖掘這份工作背後的部分，進入大衛透過這次經驗學到的東西。

導師透過把問題聚焦於「持續的興趣」，得以幫助大衛釐清那些對他很獨特的有趣小事，最終顯明自己是誰、關心什麼，並引導自己明白，什麼樣的工作類型對他既有意義，也有明確的目標。

我和瑞特關係出現許多有效的轉變，其中一個原因是來自我從導師制度學到的東西。我從來不會問瑞特：「你想要做什麼？」「你最喜歡什麼科目？」反而會問：「你喜歡做什麼？」「你最喜歡那件事的什麼部分？」在談話中，我們列出一張稱為「持續出現的關鍵字」清單。從一個經驗到另一個經驗，他已累積愈來愈多「持續出現的關鍵字」，也開始看出一個模式。

現在，當瑞特思考未來的時候，我們不會特意尋找可以拿到學歷的課程，以便將來獲得特定的工作；相反，我們會談各種對他來說重要的事，以及他如何從這一切事情中，反思出某個接下來想要做的明確事情。在變化快速、今日的工作明天可能就消失的世界中，我依然有信心，因為瑞特知道自己在尋找什麼「持續出現的關鍵字」，也在建立珍貴的習慣和技能。我很確定，他會找到屬於自己的工作——即使此刻那工作尚未被創造出來。

第七章

積極合作：一個哈士奇都不可以落在後面

我很喜歡在新生入校時，我們舉辦的許多活動，其中「戳氣球」活動是我的最愛。今年我和羅狄亞茲老師一組，好讓事情進行得順利些。我們把桌子推到邊緣，中間留出一大片空間，其中堆滿了如小山一般的藍色氣球。當學生們進來的時候，我們發給每個人一枝全新、削尖的二B鉛筆，並讓他們去拿一顆氣球。即使是最近才剛入學的高中新生，也無法抵擋銳利鉛筆和氣球組合散發的魅力。因此，羅狄亞茲這一點做對了。

「我們來圍成圓圈，大家一起玩個遊戲。如果你手上的氣球在一分鐘後還沒有破掉，就能得到一個獎品。開始！」當孩子們四處亂跑、爭相戳破其他人的氣球時，整個房間陷入一片混亂。到處瀰漫著大笑聲、尖叫聲和響亮的氣球爆破聲。有些孩子躲在桌子底下，看著其他人在上方跳躍著。就算是剛開始不太熱中的孩子，也很快開始去戳著其他人的氣球，同時忙著保護自己的氣球。

一分鐘後，我宣布時間結束，然後說：「大家現在可以回來了，讓我們來談談剛才發生的事情。」

孩子們在形成圓圈的同時，眼睛都看著四周，找尋倖存的氣球——最後的贏家。等到先前的情緒、腎上腺素和興奮感逐漸穩定後，有幾個人臉上出現困惑的表情。

「沒有人贏。大家手裡的氣球全都被刺破了。」一名女孩帶著一絲失望如此說。她整整一分鐘都躲在桌子底下，試圖保護自己的氣球，結果被人從桌子旁邊偷偷刺破了氣球。

「如果沒有人的氣球是完好的，那麼贏家應該就是刺中最多氣球的人。」其中一個看起來特別凶悍的男孩這樣提議，他確實也刺破了很多氣球。

「對啊，我刺中七個。」另一個男孩附議。其他人也開始分享自己刺破的顆數。

「我們沒有說，你們必須刺破別人的氣球才能贏。」羅狄亞茲老師冷靜的說著。

「什麼？這沒道理啊！」一個我前一天碰面說過話、名叫吉米的男孩說。「如果沒有人去刺破其他人的氣球，那麼有誰會贏呢？」

「大家啊！」羅狄亞茲老師回應道。他說完後停下幾分鐘，讓大家琢磨這句話的意思。房間裡喃喃說話的聲音，顯示出眾人的心思正在活動著。我看見他們試圖想像每個人都能得獎的畫面……卻又覺得難以理解。

我和羅狄亞茲老師請大家坐下來，接著開始介紹頂峰高中：我們是一個大家庭，每個人有不同的長期目標和路徑，也有不同的技能和需求。我們解釋，「成功」在每個人看來可以很不一樣，也不一定總是攻擊別人才能成功；我們每個人都可以成功，同時也可以幫助其他人成功。

「大家」的意思是一個都不少

每個把孩子送進頂峰的家庭，都跟我——或我們團隊中的某人——見過面、談過話。在這些對話中，家長們從不曾對我們說：「如果我的孩子沒有畢業、沒能進大學讀書、沒有美好的生活都沒關係。別擔心，總有人要失敗的，如果那是我的小孩，我可以接受。」事實上，在將近三十年的教師生涯中，我從沒聽過哪個父母允許學校讓自己的孩子失敗。

我看著每個父母，承諾會幫助**他們的**孩子準備好，不是只有某些百分比或某部分的學生，而是幫助每個小孩都準備好。這種和家長達成從根本上非常不同的協議，在我先前服務過的學校，以及美國境內多數學校都看不到。我們要實踐這樣的承諾，就必須成立一間在本質上不同的學校，不光是在我們如何教育學生，甚至為學生預備好什麼技能，也在我們的校園文化中。

頂峰高中必須是一間期盼每位學生都成功的學校，是一間每位學生能發現自己是誰、想要學習什麼的學校。每個頂峰高中的畢業生會根據自己的意願，為上大學做好準備、為進入職場生涯做好準備，以及為一個豐盛美好的人生做好準備。

就定義來說，頂峰高中不是一間有贏家也有輸家的學校，我們不是經營一間傳統的中學：只有少數學生能參加大學先修課程；學生被學業成績平均分等，排名在頂尖的學生受惠，排在底下的學生付出代價。

如果我們想在孩子需要的所有領域中，得到為孩子準備好這些技能的機會，就必須要善用每一天的每一分鐘來學習。學生不只是從老師身上學習，彼此間也要能相互學習。因此我們必須形成一種校園文化，大家在這當中一起合作，互相支持，視彼此為團隊的一員。

「戳氣球」活動顯示了我們要對抗的行為與想法。不論這是不是天性，大多數學生的本能都是透過「競爭」來贏得勝利。如果我們不去干預，或是沒讓他們看見另一個方法，就會在學校和課堂裡讓他們失敗，而我也就會違背自己許下的承諾。

合作：競爭的優勢

創造一個以合作對抗競爭的校園文化，這樣做所能得到的好處，不僅是幫助每個學生準備未來需要的一切。

多數成立頂峰高中的家長，不是專業人士就是雇主，他們對自己雇用員工的技能要求有第一手的見解，也發現在員工身上很難找到這些技能。這些家長從自身的經驗得知，雇主想要的技能是：能解決複雜的問題、和其他人協調、情緒管理等，這些都透過（或者該說「需要」）跟別人融洽合作才能強化。

這些不光只是矽谷需要的職業技能而已。明智而成功的跨領域企業，特徵就是擁有相互合作的文化和方法做為自身的競爭優勢，並經過一再的研究確立其位置。一個研究顯示，團隊的表現往往比單獨決策者的表現更傑出六六％。如果該團隊成員更具有多元性，例如包括不同年齡、性別和地理位置，比率更上升到八七％。

然而，在職場或學校裡，團隊合作不是會自然發生的事。我們的學校和企業被安裝了「競爭」的文化。學校應該被設計為分類和篩選孩子，以決定他們各自擁有哪些珍貴的技能，並因此獲得各種不同的生命際遇。當這樣的體系形成之後，不同的道路帶出不同的生涯發展和結果，而每條道路都有通往圓滿生活的潛力。但今天的情況不是如此。一個高中輟學生、畢業生和大學畢業生之間的差別，清楚說明貧窮生活對上經濟穩固生活，兩者的差距日漸擴大。

我就跟其他多數人一樣，也是在競爭文化中成長。當我十年級的時候，英文老師帶著我們班模擬賽局理論的「囚徒困境（Prisoner's Dilemma）」——競爭行為莫此為甚。在情境模擬中，小組中每個成員都被判刑要坐一段時間的牢。每個人都很清楚：如果大家團結起來，雖然都會被判刑，但刑期會比彼此相互背叛短上許多；若有人選擇背叛，保持忠誠的成員刑期將會加長，而背叛者會立即獲得釋放。

這個情境模擬收效顯著，許多教訓和困境都浮現出來，包括信任、合作、公平，以及個人福利對上團體福祉。我還記得當自己和高中同學進行情境模擬時，不時被各種情況嚇到，有人聯合起來指控我，以及相互指控，就只為了「救」自己。

許多人一開始傾向團結，但隨著被判的刑期愈來愈長，其他人卻可以無罪釋放（至少在這一局），團結的意願很快就消失了。到後來，我們每個人落到要坐牢很久的下場。還記得那時候，我對大夥還不夠「聰明」、無法團結的情況感到很困擾。相反，受過良好訓練、技巧純熟的情境模擬導引者，把我們大家弄得四分五裂。

我在學校當老師時雖然沒有「坐牢」，卻也經歷了同樣的戲劇性過程。我被教養得很好勝，再加上努力、決心、優勢和運氣，往往能獲得成功。但是這要付出的代價是什麼，又是誰被犧牲呢？

在接受頂峰高中的工作面試過程中，一位成功的領導人跟我說：「中國的榮譽學生要比美國多上許多。」我不知道這數據的正確性，但這想法一直縈繞在我心裡。我已明白沒有父母願意犧牲自己的孩子，好讓其他人可以成功，卻沒想到「競爭過程」要從全球化這方面思考。為了與人口遠遠超過我們的國家做國際性競爭，我們真能禁得起犧牲任何一個孩子嗎？有鑑於兩國相對性的大小，我們難道不需要每個美國人都參與競爭嗎？

共識對上多數規則

我接受頂峰高中的創校校長職務後，生平第一次成為雇主，領導一支隊伍從零開始打造一間學校。意思是，若我對這間學校後來的發展不能認同或重視，該責怪的就只有自己。我在第一次董事會議分享這情緒，一位與會成員睿智的對我說：「我們組織會逐漸養成一種文化。唯一的問題只有：『它會不會是你想要的？』」

我真的非常幸運，能被許多博學、體貼的領導人支持，他們有驚人的遠見與許多打造團隊和組織的工具。我承認，當下對於把時間用來跟他們學習，感到相當榮幸。那時我擔心各種事情，例如尋找學校大樓、聘雇員工、招收學生等。

腦袋裡有個聲音告訴自己，如果我沒找到教師、不能發薪，我們甚至不會有一間學校，因此可以等到真的招募到老師後，再來擔心如何打造團隊這件事——這實在錯得離譜。感謝老天，頂峰高中的董事會明白，從第一天就該開始打造正確組織的重要性，並持續催促我把時間和精力花在這方面。

我們先從達成「共識」這一點開始。

教書時，我一再遇到的挫折，是被美國做事的自然法則「多數規則」扯後腿。多數規則的問題在於，（不管是誰）輸家沒有誘因加入大多數人的方向。事實上，輸家反而時常被刺激，以致做出破壞的行為。我在霍桑高中和山景城高中已看過太多次這種場面：每當要做出決定時，例如採用新教科書、聚焦在某一特定目標上，很多老師會說：「我可沒投這一票。」然後關上教室門，做他們想做的事情。這在教育界司空見慣，甚至還有描繪這現象的一句話：「這終究都會過去，我只要等它發生就好。」

最好的決定都是在有共識的情形下達成。這並不表示能滿足每個人想要的結果——通常沒人可以這樣，也不表示大家對一個決定會感到「同樣」高興。然而，如果方法用對了，共識表示每個人同意支持這決定，個人也會被團體視為對這決定負有責任。

頂峰高中第一批教職員共有七人，相較於美國多數高中的教職員（七六％是女性，八〇％是白人），我們更多元化，有四名女性和三名男性，年齡分布在二十出頭到四十後段；有四名白人、一名拉丁裔、一名亞裔和一名混合種族的老師。

當我們只有這七名老師時，目標就已經鎖定多元化。直到現在，學校擁有超過兩百五十名老師的規模，這考量依舊不變。多元化的團隊不僅能做出較好的決定，這些老師對於幫助孩子在變化快速的世界裡，具備好工作和生活等技能，也有更好的經驗。

許多年後，當頂峰高中畢業生回來分享自己在大學的經驗時，在在證明了這個政策。所有孩子感覺到的一個重大優點，是在這四年學習和不同於自己的人，練習建立關係和友誼。他們觀察到，很多大學同學在這點陷入困境，因為這些人第一次和個性非常不同的人相處，要在大約七坪左右的房間和諧生活，感覺就像冒了很大的風險。相反，頂峰高中的畢業生，之前與來自幾乎不同背景的人有多年相處的經驗，因此對於在這種張力下建立人際關係的複雜度，往往覺得游刃有餘。

形成團隊四時期：形成、震盪、規範、展現

二〇〇三年夏天，我們團隊成員之間的差異似乎不足為奇。頂峰高中教職員正在形成團隊組織的第一時期，也就是心理學家布魯斯・塔克曼（Bruce Tuckman）稱為「形成」的時期。

我們每個人都懷抱極大的信心，要建立我們深信的學校，那種樂觀和機會非常明顯。加上我們有這麼多事要做，而跟其他人一起做這些事的樂趣，要比單槍匹馬有趣許多——我們在各自先前的教學和領導角色中，都已體會過那種感覺了。的確有少數時候，某人會說些惹怒另一個人的話，但大家都還能維持禮貌。因此，我們只是把那些時刻擱在一旁，繼續前進。

接著，有學生來就學，事情變得非常辛苦、非常快速。這時，我們進入了形成團隊的第二時期——「震盪」。

在學校開學的第二個星期，身為一個團隊，我們每天要開會二至四小時，但這樣並不足以讓我們做完所有必須達成的決定，好讓這全新的學校步上軌道。我們的目標是要獲得根本上不

同的結果（幫助所有的孩子成功），因此會出現本質上很不同的文化（積極合作**對上**競爭），我們不能把在之前學校工作的制度和做事方法，簡單的帶到新學校來。相反，我們做的每一件事（從如何供應午餐到如何計算成績），都必須設計得符合我們的價值，並且能帶領大家朝我們渴望的目標前進。

每個人都睡眠不足，大家整天都很努力，想盡快和學生建立聯結和期望。這份工作在情感上非常耗費精神與力氣，所有人都感到一些壓力。這天，原本預定開會的時間已超過五分鐘，除了亞當以外的人，都在桌旁坐了下來——亞當又遲到了。凱莉明顯感到焦慮，「他老是遲到。」當她輕聲這麼說時，亞當正好走進會議室。

我感覺這朵烏雲可能會擴大成暴風雨，因此提醒亞當，「尊重」是我們的核心價值之一，準時抵達會議、準時結束會議是表示「尊重」的一種方式。他誠懇的轉過頭面對其他同事，然後如此說：「我很抱歉。我要做的事情太多了，不能浪費任何時間，因此我確定大家都進會議室了才過來。」

我一聽就想到，凱莉的怒氣很可能會爆發。果然，她說：「所以我就應該浪費我的時間，坐在這裡等你準備好進來，好讓你不浪費時間？這樣叫什麼公平？」那時，我不了解團體在這階段會逐漸進入多產、積極合作的節奏。如果我早一點知道，對於這樣的不安畫面（或說震盪畫面）就會釋懷許多，然後有效領導大家度過這部分。

相反，我開口說出自己腦裡閃過的第一個想法，想讓氣氛緩和下來：「這讓我想起電影《開放的美國學府》（*Fast Times at Ridgemont High*）裡，當傑夫．斯皮可利的老師說傑夫在浪費他的時間時，傑夫回說：『如果我在這裡，你也在這裡，這不就都是我們的時間嗎？』」結果沒人覺得這個好笑。我們並不需要愚蠢的電影台詞，而需要真正的方法來讓大家共事。

透過許多專家的幫助，凱莉、亞當、其他老師和我聚集起來學習和實踐，形成團隊第三時期「規範」的一些基本手段。

我們創造了一本有關期望共享的小冊子，這樣我們的合作才能更有效率。「準時開會，準時結束」不只列入小冊子裡其中一項，也變成團隊箴言，最終成為我們一直貫徹到今天的一個文化期望。

我們也創造一個簡單卻有力的「決策矩陣」（如左圖）。當每個人都相處融洽時，要達成共識很容易；但若缺乏有效率的決策架構，只要出現分歧，一切就瓦解了。我們的決策矩陣清楚傳達出，誰有做哪些決定的權力（D）、誰可以否絕一個決定（V）、誰可以提議做出某個決定（P），以及誰可以只是提意見就好（I）。我們想要用共識做出重要的決定，但也希望務實處理每天必須要做的眾多決定。因此大家都同意，我們的要求是，每項決定的「決定者」要尋求共識，但如果時間不允許，或是有人就是無法同意，那就由名字被列在D位置上的人做決定，其他人都得支持這決定。

決策矩陣範例

這個表格能清楚記錄在一連串決定中，誰扮演了哪些角色。

	利害關係人 #1	利害關係人 #2	利害關係人 #3	利害關係人 #4
決定 A	角色	角色	角色	角色
決定 B	角色	角色	角色	角色

【角色說明】

D ／決定者：做出決定的某個人（或某些人）

P ／提議者：參與建立此提案的某個人（或某些人）

I ／意見者：針對此提案給予意見的某個人（或某些人）

V ／否決者：可以否決該決定的某個人（或某些人）

MBI ／務必被告知者：一定要被告知此決定的某個人（或某些人）

這份簡單的輪值表，大幅改變我們團隊的互動磁場。如果某人對一個問題有很強烈的意見，但他又不是決定者，就會被鼓勵明確表達出讓人信服的立場，把大家凝聚起來；但他也沒必要堅持不讓步，因為這本來就不該是他做決定。進一步說，如果一個人是決定者，但對於自己的決定不想尋求共識，別人也不會想邀請他參與其他的決定。

我們很快也學習到，沒人想要做所有的決定，但大家都想要知道**誰**會做決定，決定又是怎麼形成的，以及他們在這當中扮演什麼角色。這是我學到珍貴且有趣的領悟，以前我總認為，每個人都想擁有能做一切決定的權力，但是從老師和學生兩方來看，都證明這不是真的。確切的說，人們只想做對自己最重要的決定，也只想知道如何參與其他所有決定就好。要經過這段「規範」時期，需要一些努力和責任感，但是我們建立的決策矩陣，以及使用的簡單工具是如此寶貴，直到現在大家仍然繼續沿用。

到了秋天，我們團隊進入了第四（也是最終）的「展現」時期，意思是我們真的像個團隊般運作了。

有些團隊能快速通過這四個時期，其他的可能比較緩慢，甚至出現延遲的現象。有些會繞回去，走迂迴的路徑，但到頭來都會走過這四個時期。光是知道這四個時期，就已經是很大的轉變。特別在團隊從客客氣氣的「形成」時期，進入較為騷動的「震盪」時期之際，為風暴將至做好準備的團隊，會將它視為具有生產力的階段，好進入較為均衡、進展更順利的「規範」時期。至於那些不知道有「震盪」時期是很自然的團隊，往往在這階段就四分五裂，等同宣告了團隊的失敗。大家都知道，如果我們的孩子要能合作共事，就需要建立這些相同的技能。我們決定把學習到的一切都教給他們。

一個哈士奇都不可以落在後面

我得承認，把控制權交給孩子的想法可能相當嚇人。我喜歡青少年，但事實上，他們的大腦還在發育中，因此就生理而言，他們的腦神經仍在發展做出好決定所需的聯結系統。但如果我們真的想要教孩子積極合作，就必須讓他們做有意義的真正決定。

我和團隊為了讓第一間學校順利開張，在各種孩子會有興趣的事上做了許多決定，像是學校的名稱與顏色。但是在開學日當天，我們還沒有吉祥物，這給了孩子們一個絕佳的學習機會，因為他們非常在意吉祥物這回事。

我和老師們讓學生知道，他們身為頂峰高中的創始學生，可以決定吉祥物。我們解釋了決策矩陣，以及他們——身為團體——要如何成為「決定者」。我們強調這是個巨大的責任，他們所決定的吉祥物，此後就是每個頂峰高中學生的吉祥物。因此他們心裡必須為未來世代考慮，以此面對自己所做的一切決定。他們也需要選出能反映我們學校特點的吉祥物。

最後，我們解釋了以「共識」做出決定和以「多數規則」做出決定之間的差異。我們指出，吉祥物的決定需要以共識的方法達成。每個學生都比出「往上的大拇指」，事情才能繼續進行；若某人比出「往下的大拇指」，這是他的權利，但接下來必須提出一個更好的方案。我們老師則是「否決者」，能夠否決學生的決定；當然，我們也不會想否決他們以共識做出的決定。因此對每個人來說，把老師加入決定整個過程中也有好處。

我們把步調放慢。除了介紹決策矩陣外，還有一個簡單有力的方法，能幫忙做出決定和解決問題，我們稱為「情況目標提案理論（Status Target Proposal，簡稱ＳＴＰ）」，同時把這工具介紹給學生。首先，**要先有一個問題，讓他們試著解決**。在這個案例的問題是：「我們要如何為頂峰高中選出一個吉祥物，可以代表今日的我們和未來的學生？」

下一步是**確認情況**（Ｓ），這裡需要不帶評論和修飾的態度，向每個人收集事實和意見。這是很關鍵的一步，因為它牽涉到每一個人，以及他們說出自己對吉祥物的不同經驗，如此，孩子們才會知道應該要從哪裡開始。

多元的想法其實是很驚人的。對某些孩子來說，學校吉祥物是驕傲感和認同的重要來源，他們穿上有吉祥物的衣服和口號，感覺自己屬於大環境的一份子；其他某些孩子的經驗全然不同，他們在吉祥物身上看不到自己，也不明白自己為何該對一個沒有共鳴的象徵，表示忠誠或有所聯結（在一些例子中，他們甚至覺得自己被冒犯了）；有許多人則是從沒想過吉祥物這回事。許多人對吉祥物的歷史非常好奇，少數人發現吉祥物竟然可以引起很大的爭議。大部分的人都很認真看待「替未來學生決定吉祥物」這責任。

接下來，學生要**定義出終極的目標**（T），我們把這一步稱為「魔杖步驟」。當你面對這原創性的問題，如果能揮動一根魔杖，得出一個完美的回答，那麼你的定義是什麼？

孩子們起先認為，目標就是實際的吉祥物，因此我們幫助他們理解，「目標」其實是一個理想解決辦法的準則。換句話說，他們的目標在於，要怎麼想出一個能「完全回應問題」的好點子。所謂的準則，就像是告訴人們「我們是誰」、「我們在意什麼」，它具有我們渴望擁有和展現的特質，沒有時間性，並且可以用圖畫或符號表現出來。

最後，學生針對如何從情況中找到目標，**提出了方案**（P）。他們在課堂上學習如何做出具辯論性的宣言，我們就把這任務帶入目前正在進行的課題，讓他們去說服其他同學。在我們每月一次的全校師生會議裡，每一組有條理的展示他們的吉祥物提案，陳述自己的想法，得到回饋，然後在下次會議前做出調整。

有一組提案的吉祥物是「松鼠武士」，同學們很快就發現可以利用目標準則針對這提案提問，於是拷問他們：

「這代表什麼意思？」

「這不是真正的動物啊！」

「想想十年後進入這學校的孩子們，松鼠武士對他們怎會有任何意義呢？」

「松鼠武士」支持者充分解釋了理由，但仍沒辦法為這原因帶來氣勢。丹妮爾尤其喜愛松鼠武士，但她的滿腔熱情並無法說服人。

另外一組則是提議做「頂峰高中特洛伊人」。同樣，他們也遭到其他人的嚴重拷問：

「這個要怎麼代表『我們』是誰？」

「這個有表現出『我們』希望成為怎樣的人嗎？」

「嗯……特洛伊人不是挺暴力的嗎？」

過了一個月左右，一組學生來尋求我的幫助。他們真的很想要學校寵物，因此想出可以同時做為學校寵物和吉祥物的點子。我告訴他們，活生生的小動物不能加入頂峰高中的大家庭，不過我認為這不失為一個有趣的起點，建議大家進行腦力激盪：什麼樣的寵物或動物，能夠代表我們是什麼樣的學校？

這組學生做了廣泛的研究，然後帶著「哈士奇」這點子回來找我。哈士奇是群聚動物，牠們的忠誠和勇氣，可以代表我們的核心特質；他們也發現，哈士奇其實很愛玩。「塔文納校長，牠們就跟我們一樣。」他們做了很有說服力的簡報，計劃要展現給同學看。我懷疑他們暗自希望，如果簡報真的成功了，我可能會因此屈服，讓他們在校園裡養一隻哈士奇狗崽。

不過，在準備好呈現這簡報前，他們還需要做到下一步：建立聯盟。他們知道有些同學

（例如丹妮爾）對其他點子充滿熱情，因此必須找出喜歡松鼠武士和特洛伊人的學生，聽他們感興趣的部分，再試著把這些想法和需求融入哈士奇簡報裡。這麼一來，每個人就會看見自己的需求被提了出來。

特洛伊人族群在意的主題，也會是哈士奇族群在意的嗎？特洛伊人族群多數都是運動員，他們希望吉祥物勇猛且有團隊精神。這兩個族群理解到，雪橇犬哈士奇會通力合作，朝同一個方向前進，一路跑過冰雪抵達目的地……這對頂峰高中來說再完美不過了。有個學生讀過《野性的呼喚》（*The Call of the Wild*），說明哈士奇可以很凶猛，同時也是雄偉聰明的狗種。結果，特洛伊人族群決定加入了。

松鼠武士族群想要一個可愛的吉祥物。哈士奇族群理解到，哈士奇同時擁有幼犬和成犬的特質。畢竟，有什麼會比小狗崽還要可愛？因此他們調整吉祥物圖案，加入了幼犬版本。一名學生甚至還找到一個毛茸茸的哈士奇填充玩偶。

他們在下一次全校師生集會時，提出了自己的簡報，運用所有先前結盟提到的元素，提出充分的理由，解釋為何哈士奇可以代表頂峰高中，因為哈士奇絕對不會離開牠的族群。

如同開學第一個星期「戳氣球」活動所強調的，學生理解到「絕對不要把哈士奇同儕留在後面」這道理，團結在一起要比相互競爭更為強壯。團結起來，他們每個人都可以抵達頂峰。所有人達成了共識，我們也因此變成頂峰高中的哈士奇們。

當合作破局時

在我們進行全校學生積極合作的同時，也把這信念推廣到教室課堂上。第一個學期做這件事很有挑戰，因為老師、孩子和家長都帶著以往小組研究專題的歷史包袱。事實上，我注意到要用最快速的方法，讓家長引爆一輪如惡夢般的校園故事，只要提起任何一個小組研究專題就行了。那種挫折和怨言既合理又普遍。

「我小孩那一組的其他孩子，根本就沒做任何事情。」

「我兒子得做所有的工作，大家卻得到同樣的成績。」

要不然就是倒過來。

「那一組裡面有個很霸道的男孩，我女兒的想法根本就沒人聽，也沒人接受。」

「她覺得自己沒有被當成同組的一份子或被重視，那小組做的東西沒有讓她感到很光榮。」

「我的小孩什麼東西都沒學到。」

「他們永遠達不到共識，也找不到時間碰面或平均分配工作，因此大家的成績都很糟糕，我女兒跟著倒楣。」

許多父母親感到焦慮，向老師和校長抱怨小組工作的不公平，其他一些家長則比較認命：「這個嘛，歡迎來到真實世界。」他們可能會這麼告訴小孩：「在團隊裡做事就是這麼一回事。」關於如何在團隊裡做事，我們需要做得更好和說得更明確，要把積極合作當成一項珍貴的技能來教導孩子，而不只是一個達到目標的手段。

團隊合作主要會在兩方面出差錯。

首先，很多時候被交派的任務，並不值得整個團隊花心力去完成。團隊可以做得好的地方是「解決複雜的問題」，因為成員可以從各自不同的經驗、專長、技能、知識中獲益。至於那些需要死記硬背，或是只需要單一正確答案的任務，團隊表現就不會出色到哪裡去。

當孩子們被分成不同的小組，並被要求以某種技能或知識去完成練習題、找出某道數學題的答案時，小組中通常總有個孩子特別擅長這種事，因此就不需要其他人的貢獻，以得到最好的成果。一般來說，小組裡的孩子們都知道這一點，因此表現也都很理性，基本上就是讓「最聰明」的小孩幫大家完成任務就好。

團隊合作第二個會出錯的部分，是當任務非常複雜、需要分工合作才能完成時，卻沒有任何大人教導、支持相關的技能。

這天，陳老師拉了椅子到第三小組去，該小組進行「機率」研究專題已好幾天，卻陷入了困境。困難的不是任務本身，而在於「如何分工作」。他們的研究專題是跟真實世界有關的數學問題。小組跟著解說者一起工作，但到最後他們得試著理解，借一筆錢和其衍生利息所帶來的影響。這些想法將持續對他們的真實生活產生作用——尤其是在考慮申請大學獎助學金時。

但是，這小組運作得很糟糕，所以幾分鐘前，凱倫已經來詢問過陳老師，她能不能跟馬可兩個人自成一個小組。老師的答案是不行，不過答應去幫助他們。

陳老師先開口：「聽起來，我們眼前的問題在於，第三小組要如何一起做事，有效率的完成『機率』這研究專題。對嗎？」

「您剛才說，我們不能再分成兩個小組嗎？」凱倫問道。

「我的確是這麼說。我們在這裡學習的部分目標，就是要學習如何跟不同的人做事，以及如何積極合作。如果在事情變得困難時就停止合作，就學不到那些技能了。」陳老師回答。

凱倫沒有表示反對，其他人則是點點頭。在頂峰高中，所有學生不是第一次被要求，如果跟別人處不來，就要努力修補、強化跟他人之間的關係。

「那麼，讓我們先從了解情況開始。」陳老師說。

接下來的幾分鐘，所有小組成員描述了事實狀況，以及他們對整個情況的想法和意見。從各個不同的觀點中，一個有共通性的故事浮現出來。

約翰是數學表現相當優異的學生，數學成績一向很好，「機率」對他來說非常容易。小組其他成員的數學能力沒他這麼厲害，但也把一些有趣的優點帶進這研究專題中。舉例來說，馬可跟著父親做園藝造景許多年了，因此親身經歷過銀行業務、貸款和金錢對真實生活的影響；凱倫和莉蒂亞兩人都為了自己想要的大採購而努力存錢，因此知道一些關於利息的知識。

每個小組成員都知道些什麼，但是沒人覺得自己的意見有被其他人重視。他們很難坦誠公開說出自己的感受，於是各自沉默，把小組帶往大家都不舒服、沒有生產力的方向。如今，他們只想遠離彼此。

一旦陳老師開始幫助小組彼此開口和傾聽，就可以讓自己的角色往後退一些。她建議小組成員將團隊目標設為：「要怎麼做，才能讓小組一起完成任務？」然後寫下可以讓大家都貢獻一己之力的計畫。之後，小組的步調總算重回正軌，不過陳老師隔週還是來確認了幾次討論，向成員分享自己的觀察和回饋，同時也給予鼓勵和指導。

到後來，整個小組順利達成他們為自己設立的目標，也學到儘管情況困難，仍應盡力維持在一段關係裡的價值。

積極合作在家中的角色

隨著我們在頂峰高中教授「積極合作」愈來愈得心應手之際，我體認到這技能也可以應用於家庭。在我家庭中，每當我們需要做困難的決定時，都會（試著）積極合作。像是如果我和史考特都沒辦法接瑞特放學回家，他該怎麼回家，或是要如何確定我們的狗有得到充分運動量等問題。換句話說，我們幾乎每天都需要一起做些決定。

對大多數家庭來說，每個家庭成員有各自獨特角色而不會相互重疊的日子已不復返。在今日，生活的複雜度讓每個人必須站出來一起合作。就我自己的家庭而言，我的工作需要長時間待在學校裡，還要時常到國內各地出差；史考特則在家工作。因此，買菜、煮飯、打掃、汽車保養、付帳單、接送小孩上課等家務，傳統的分工方式對我們就不可行。

我們必須積極合作，這不只是應用於彼此之間，如果我們希望完成任何想完成的事，就得和朋友、家人、鄰居合作。大多數家庭會一起做事情，問題是，這樣的經驗可以幫助孩子發展成長所需具備的珍貴技能嗎？

理想上，我們朋友會把家庭旅遊視為「讓一家五口積極合作的好機會」。但是在花了一大筆錢渡假後，家人不但不開心，甚至反過來抱怨，就會讓人感覺很挫折。他們想採取完全不同的渡假計畫，因此為全家人設立一個挑戰：「我們有一週的假期。這次的預算是這個金額。我們應該要去哪裡、做些什麼？」

首先，每個人都很興奮，各種想法立刻不斷源源流出，但他們很快就發現，每個人心中設想的旅行都不一樣：年紀最小的想去迪士尼樂園，年紀最大的想去露營。沒多久，挫折感和怨氣便冒了出來。幸好，這家人採用基本策略「情況目標提案理論」，也就是頂峰高中決定吉祥物所用的方法：確認狀況，定義目標，形成提案。到最後，他們不只在預算內渡假，每個人都覺得自己對行程的安排有貢獻。

當他們抵達旅程中不是自己第一選擇的地方時，知道也明白為何這裡對他們深愛的家人很重要，就會專注在享受家人的陪伴、經歷新的體驗，而不是只做自己想做的事。他們也知道，自己真正想要的部分也會到來，到時家人也會投入其中——即使那未必是家人的第一選擇。

當一切凝聚起來

當你開著一輛汽車要抵達某個目的地時，需要用到讓車子左轉、右轉、停止及退後等各種組合。我們在為孩子創造一條萬事俱備的路徑時，也應該如此。

積極合作需要真實世界提供的機會，以及自我導引學習，因為一個人若不能自我導引學習，就沒有辦法成為一個有影響力的合作者。積極合作和自我導引學習也需要自我覺察，最成功的積極合作者很了解自己：知道自己是誰、在意什麼、知道什麼，以及不知道什麼。他們的自我認識來自於反思。

成功的積極合作者知道自己的優勢，以及需要改進與努力的地方，也知道自己可以貢獻什麼。他們可以和同學合作選出吉祥物，和朋友一起選擇要看的電影，和家人一起計劃旅行，甚至是選擇寵物。而當他們長大之後，我願意隨時雇用他們加入我的團隊。

第三部

要準備什麼？

自從我創立頂峰高中之後，每天都會問自己下面三個問題：

- 頂峰高中是我希望自己以前就讀的學校嗎？
- 頂峰高中是我會想在這裡任教的學校嗎？
- 頂峰高中是我會想讓自己孩子就讀的學校嗎？

如果三個問題的答案不是肯定的，情況就不對勁了。這是我知道最簡單也最誠實的方法，以此確保我們經營的學校，對每個人的孩子都是一間好學校。但這些答案只由我的直覺來判定，對於其他人來說，並不算是非常好的指標。

如果我們希望孩子能為未來圓滿的生活做好準備，成功的習慣、好奇心驅使的知識、普遍性的技能，以及具體的下一步，可說是最重要的測量成果。它們是我們輸入衛星導航系統的目的地，也是我們判斷一個學生是否準備好進入成年期、讓大學生活順利，以及追求他想要生活的方法，這就是我們的目的地。

第八章

成功的習慣：建構學習模組

凱莉還記得我們在她教室裡的對話，但我的印象是站在二號教室外面的廁所前談話。我們回憶起這件事時，只有這個細節有差異，而對我們來說，這件事也成為我們教師生涯（與為人母）最重大且影響深遠的時刻之一。

藉由過去十六年來的角度，我們很容易回顧這一段旅程，指出這扭轉大局的準確時間點。但我想即使在當時，我們兩人都能感覺到一股重要的氛圍。

那是我們在頂峰高中第一年的十月底。凱莉之前就提過，要跟我談一位九年級學生——薩克。她想讓我知道，薩克在她的課堂成績會不及格，並認為將此事告知他家人是很重要的。她提議我們把「進度報告」郵寄到薩克家裡——她之前任教七年的學校一向如此處理。

隨著第一學期展開，我們七人團隊在通過大家尚未深思，不確定適不適合我們學校的制度提議時，都會輪流讓彼此的腳步暫停下來。我們承諾要深入分析這制度，了解它會讓我們離對家長的承諾更靠近一步，或是拉遠一步？我很清楚感覺到，凱莉這時已很疲倦，也頗受挫折，因此該輪到我問出這些困難的問題了。

「薩克怎麼在十一月的測驗，很可能沒通過你的課呢？」

凱莉給出快速而清楚的答案：「他在班上沒什麼作為，也拒絕寫字。顯然，他在家裡什麼功課都沒做。」她解釋，薩克這整年沒有完成一件功課，真的一點都不誇張，而且他家裡沒有人會特別給予鼓勵；他明明在許多方面都很有能力，這也導致整個情況變得更令人惱怒。

薩克在跟凱莉辯論的時候，思路很有邏輯，也能清楚表達自己的意見，以專門術語來說，他很擅長「爭論性的問題」。但是，他無法光是靠口頭爭論「為什麼他沒做功課」就能通過歷史課。按照邏輯來看，薩克陷在洞裡太深，已經無法靠自己摸索爬出來，就算他整個人在隔天做了全新改變也一樣。凱莉如此做結論：「他沒有做任何他需要做的事。」

在凱莉眼裡，薩克就跟她在舊學校教導的那兩百名學生沒兩樣。從一名負荷過重的老師角度來看，除了審視自己眼前的證據（反正薩克根本一點都不努力），然後生氣的打上零分來回應之外，她還能做什麼？

或許這會讓薩克學到教訓，但更重要的是，這也會讓凱莉清出一些空間，把心力投注在其他可能成功的學生身上。這種思路不僅在我們待過的每間學校很普遍，也讓人完全可以理解：

「我已經做了自己要做的事，而你沒有。我現在要把手上的責任放下來了。」

「你真的做到了每件可以做的事？」我問凱莉，「如果你能對自己誠實，你真的做到了？我們真的做到了？我們要跟其他學校一樣嗎？我們學校的老師，真的只能生氣的打上零分，然後平心靜氣說自己沒有任何責任——尤其是明知接下來會有怎樣的結果嗎？」

「我很確定自己沒做到**所有**還能做的事，但他什麼事都**沒**做。」凱莉以誇張的語調回應。

我在詢問凱莉的同時，其實也如此問自己。我們都知道如果給薩克零分，將會發生什麼後果：他會無法畢業，也可能拿不到高中同等學力證書；在找工作上會很吃力，可能落到為了活下去，什麼都願意做的地步；後來可能還會做危險（甚至違法）的事，下場不是坐牢就是死亡。上面這段話聽起來很極端，但我們已在許多像薩克的孩子身上，見識過這樣的結局。

當然，如果凱莉讓薩克不及格，他也有可能因此學到一個教訓、遇到一個導師或做出一個突破，從此覺醒過來。但是就統計來說，比較可能會陷入惡性循環。更重要的是，我已經向薩克的母親保證，她兒子會順利畢業，為未來做好準備；就算她沒有做太多事來支持薩克，我仍無法將自己的承諾從心版上抹去。

「你是要告訴我，你打算判一個十四歲的孩子死刑？」

我從凱莉臉上的表情可以看出來，我的情緒和使用的字眼，重重打了她一拳，但是我不能停下來：「我們在人道上，有做到每一件可能改變他人生軌道的事嗎？因為我們答應過會這麼做的。」我並沒有認為我們可以（或應該）「拯救」薩克。頂峰高中並不是騎在一匹神駒上，可以輕鬆帶著孩子以雷霆萬鈞之勢，一路奔向更好的未來。但我和凱莉都知道，我們可以給薩克工具，讓他擁有他所嚮往的生活。

稍後，凱莉告訴我，有一部分的她想要尖叫大喊：「夠了！我已經累了！」她有自己的家庭，也需要睡眠、保持理性，以及保留一點自我。我們怎能要求她（或任何老師）做更多呢？我們不能，不管怎樣都不會有正確答案。我們不能把自己當成救世主。

就算這次她有足夠的心力給薩克，等到面對下一個薩克，甚至再下一個薩克時，遲早會筋疲力竭。一次性的處理方法會讓老師們發瘋，逼自己過勞的老師無法做到永續性。雖然我那陣子情緒相當緊繃，不過還是有足夠的理性看見這點。

我永遠感激凱莉，那時她沒有朝我大吼，也沒有轉身走開或放棄。其實她大可以做上述那些舉動，相反，她承諾並同意跟我一起回到繪圖板前，找出往前走的路。這段對話與緊接而來的對話，形塑了我們學校的方向。過去十六年以來，我們一直在這方向上建構，直到今日仍持續改善著。

凱莉列出一張清單，上面寫著所有她可以幫助薩克的事，但每一樣都需要她用**自己的**時間為他做些事。這種辦法一定會帶來問題，理由有三個：第一，如果有太多孩子行為像薩克，我們根本沒足夠的時間為他們這麼做，即使願意捨棄自己的生活也行不通；第二，這無法幫助薩克改善自己，如果下一位老師不打算做這些事，該怎麼辦呢？第三，我不禁想起以前的自己，那時我從沒想過要誰來拯救我，而是希望能感覺到，我有可能拯救自己——或許薩克也有同樣的感受。

因此讓老師做得再多，都不會是我們的答案。相反，我們必須理解到，如何能讓孩子願意為自己做些什麼。結果，這意味著我們需要重視發展成功的習慣，就跟我們重視發展學業技能與知識一樣重要。

學習建構模組

對於教導和幫助學生建立成功習慣，頂峰高中有一股非常強烈的責任感，而薩克是第一個造就這文化的孩子。我們想讓每個學生成功，這承諾使我們深入科學研究，去明白什麼習慣才能真正幫孩子預備好未來，以及確保他們的成功。

我們工作使用的架構是「學習建構模組（Building Blocks for Learning）」，這是由布魯克．史丹佛—畢薩德（Brooke Stafford-Brizard）博士替「為孩子反轉」機構開發的學習法，這當中融入了數十年來，所有在教育、學習科學上最好的研究。此框架確認了十六種特定學習習慣，全部對學校生活和個人生活的成功有影響，而且都能從孩子身上開發出來並加以改善。如果某些較複雜的技能可以建構在早期基本技能上，那麼這十六種技能更能夠逐漸發展起來。

一直以來，學習建構模組是我們找過最有用的教學工具，主要是因為它將大量的資訊與知識合理化及精簡化，變成一張可以協助整理思路的簡單圖表。

現在，讓我們以活在理想世界的態度，檢視這個學習建構模組（參左圖）。

金字塔的「地基」一層，牽涉到童年早期就開始的健康成長：依附性、壓力管理和自我調節。當基層技能變得堅實後，孩子就可以朝入學準備的習慣之路前進：具有自我認知、一些人際關係技能，以及執行力的思考習慣（如計劃、設定目標）。再從這層往上，會發展出考慮到自己和學校的堅實習慣與心態，包括：成長心態、自我效能、歸屬感，以及承認學校很重要。

到了模組的倒數第二層，「毅力」是重點。在這一層，孩子能體認到自己和周遭世界的相關性，培養出自我行為的主控感，並養成突破學校生活各種挑戰的習慣。之後，就來到模組的最上層，這裡是靠著其他所有模組的支撐，所建構出來的「習慣三重奏」：自我導引學習、好奇心和使命感。準備好長大成人的孩子們，所展現的行為是：不需要助力，就把這三樣習慣從一個情境移轉到另一個情境——從學校移轉到工作、家庭及社區。

然而，我們居住的世界並不完美、理想，我們在頂峰高中遇見的孩子，也往往沒有成功發展出早期學習建構模組的習慣。從薩克的例子來看，他不覺得自己屬於任何學術環境，辛苦掙扎著想知道學校和自己的相關性，結果之所以如此，是源於他生命中各種複雜經驗和訊息網絡。其他學生以前從沒有發展出依附性，或是從未發展出自我認知習慣。

學習建構模組

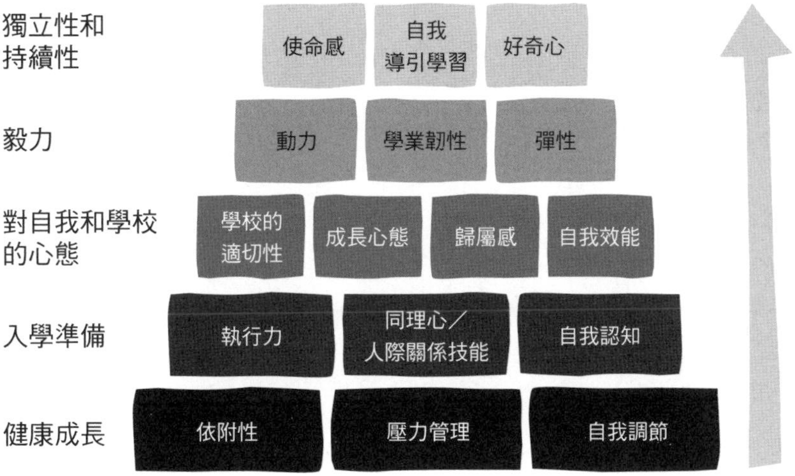
獨立性和持續性
使命感
自我導引學習
好奇心
毅力
動力
學業韌性
彈性
對自我和學校的心態
學校的適切性
成長心態
歸屬感
自我效能
入學準備
執行力
同理心／人際關係技能
自我認知
健康成長
依附性
壓力管理
自我調節

我們面對一個孩子，通常無法立即辨識出他缺少什麼成功習慣，只能知道支撐他學習的架構是搖晃、不穩固的。身為教職員，我們尋找潛在問題時，會利用學習建構模組裡的成功習慣做為引導。

當我們捨棄「讓薩克不及格」的想法後，便轉而去理解他為什麼不做任何功課。我們開始明白，薩克尚未發展出歸屬感，因此做的第一件事就是對他更加用心；不管他多努力試著要放棄我們，我們都很清楚的表明，永遠不會放棄他。大家開始以各種方式釋出訊息給薩克，表達我們希望他留在頂峰高中的想法，因為我們相信他和他的能力，也會一路支持他。

我們這樣做，駁斥了所有薩克期盼（或者更像是等待）發生的事。他想要老師在氣憤中讓自己不及格，如此就可以安心的去玩電動，那是一條他較熟悉也較容易的路。但我們集體環抱他的方法奏效了。雖然過程不容易，在某些時刻甚至很混亂，薩克仍然從頂峰高中畢業了。我們的應對辦法是一致、堅持和持續的。這些方法在當下還不算很有組織或系統，但我們會做到那一步的。

根據研究範圍，我們知道在生活中，這十六個**成功習慣**會不斷被使用。這些是很有力量的習慣，會幫助我們在學校及往後的人生獲得成功。我們也知道它們是相互聯結的。

舉例來說，讓我們想想「自我導引學習」。頂峰高中學生一直規律的練習自我導引學習循環。比較無法明顯看出的是，執行力（設定目標和計畫）如何做為這過程的內涵。因此當孩子們練習自我導引學習的習慣時，同時也會汲取和強化他們的執行力建構模組。

成長心態（或者說相信自己的天賦將得以發展）的學習建構模組，也是自我導引學習循環中的一大關鍵。當一個小時、一週或一學期之後，學生在反思時，往往會發現自己強化了成長心態的習慣。當然，在練習這個循環時，並不是所有人都立刻擁有這些習慣；但透過持續的回饋、練習、反思，就會隨著時間發展出來。

在建構模組的最上層，學生不再需要他人的支持，也就是能汲取已形成的習慣，並應用到多重的環境中——不光是在學校而已。因此，想像一個孩子在生活中，不斷練習設定目標、制定計畫、起身執行，把所知道的展現出來，再去反思（自我導引學習循環），如此在學校或家庭不斷重複著。當他暑期在本地雜貨店打工，面對把東西上架、收集空推車、將食品裝袋等工作時，會出於習慣，把相似的過程引導進工作裡。

每一天他走進雜貨店，在老闆告知做什麼事之前，就能想到自己要做什麼。他把目標設定成「快速有效率的把推車收回來」，擬出策略讓每次都做得更好。他擁抱挑戰，確保每位顧客買的食品雜貨穩當放進袋子裡，讓東西不會被壓碎，袋子也不會重到提不動，顧客一結完帳，立刻就能提著東西離開。

對照之下，如果另一位員工老是站在櫃台邊等待，只要沒被交辦工作就到處閒晃。你會雇用哪一位呢？你會幫誰加薪？

回家作業的牢房

這些年來，我們在頂峰高中打造了一個又一個系統，來支持每個學生發展這十六個成功習慣。在「薩克事件」期間，學校創立了「課業強制自修室」，這是我們首次嘗試為孩子們規劃出特定的時間和地方，用以練習並學習執行力和學業韌性，以及自我調節和壓力管理。

在聽到學生把課業強制自修室稱做「回家作業牢房」時，我們得到了所需的回饋，了解到方法需要修改。我們反覆看著各種科學研究，和專家討論、查閱數據，並且設計進化版本。再次收集到回饋和數據後，我們進行反思，從頭再來一次。

說實在的，頂峰這幾年來的進展相當重大。今天我們對「回家作業」的概念是：學生為了發展、精通本身的知識和技能，所需要做的學習。他們在**哪裡**做作業並不重要。「自我導引學習時段」的設計，是用來支持像薩克這樣的學生，打造他們缺少的成功習慣；而我們創造出讓教學和學習整體更好的方法，也帶來了巨大的轉變。

身為教師，我們持續鞭策自己去更清楚的定義，孩子要知道自己得做好哪些準備，以及所有能幫助他到達目的地的方法。我們透過讓學生更自主、有意義的方式來幫助他們。如果我能早一點用相同的方法幫助我的孩子就好了。

是工作還是學習？

記得在瑞特五年級的時候，我們曾因為他是否有完成回家作業而爭執，我因此感到沮喪與憤怒。當我打算把自己的感覺寫進日記時，赫然看見前兩年同一天的日記內容。讓我更驚訝和擔心的是，上面的句子和我準備要寫的竟然一模一樣。今天是上演電影《今天暫時停止》（*Groundhog Day*）的情節嗎？難道我其實被困在電影裡面，每年的這一天都會和兒子吵一模一樣的架嗎？

很顯然，不管我用什麼方式對瑞特都無效，因為我又落入同樣的狀況，連續三年都沒變。我開始逐頁翻起日記，震驚的看著這逐漸形成的模式。我發現自己和瑞特因為「回家作業」而引發的爭吵，並非一年一次的事件，而是規律發生的狀況——至少日記裡是如此顯示。每一次我都落入同樣的挫折和憂慮。

我到底在做什麼啊？一定有更好的方式能處理這情形。我的憤怒變成了罪惡感和悲哀。接著我來到瑞特的房間抱抱他，詢問我們能否找到一個方式，讓彼此永遠不要再有這樣的爭執。疲倦的瑞特可能被我的情緒給嚇到，點頭同意了。我們彼此擁抱，沉浸在充滿愛的氛圍中，我感覺自己的心變得敞開。雖然當下的感覺美好又正確，但我不太確定要怎麼做，才能達成我們剛剛說好的約定。

我之前已試過一切方法，想緩和寫回家作業的問題。我們有獎賞和後果系統，有特別的寫回家作業時間，以及特別的回家作業小幫手——一張他用來記錄回家作業的計畫表，這是一個避免他忘記的備用系統。而我也會定期和瑞特的老師溝通，並一絲不苟檢查他的作業。

然而，這些方法都沒有用。事實上，我建立了愈多的方法和系統，瑞特似乎也設法發展出愈多不做功課的伎倆。諷刺的是，我最擔憂的就是他那些躲避行為，舉例來說，他會謊稱沒有回家作業，或是說自己已經寫完了。

因為急切想打破我們的僵局，我決定嘗試頂峰高中使用的策略。如果一個學生沒完成他的回家作業，或是在上課時經常分心、搗亂，我們做的第一件事是深入挖掘。因此我問瑞特**為什麼**沒做回家作業。我知道這話聽起來很瘋狂，我不是一個常問「為什麼」的人，即使真的問了，通常也只會問一次。但這次，每當瑞特給我一個答案，我就會再問「為什麼」。

要忍住不開口表達意見，以及不和瑞特爭論他所謂的答案，其實非常困難，但是過了一會兒，整個對話變得很自然了。就跟那些頂峰高中的孩子一樣，瑞特給我第一個「為什麼」的答案，和後面給出第四個、第五個、第六個「為什麼」的答案非常不同。後面的答案更有洞察力、誠實，說實在也很有用。

當我一開始問瑞特為什麼不寫回家作業時，他說他寫了。我花了極大的力氣制止自己，不要因為他又說謊而做出反應，然後問他為什麼會這麼認為。他解釋自己真的寫了回家作業：

不是在家寫，就是在下課和吃午飯時寫，因為老師規定，沒寫完作業之前都不准玩。這不是我期待的答案。在我心裡，超過繳交時間才寫作業，或是因為被大人緊盯、不能做任何事才寫作業，都不算是「寫回家作業」。但我仍保持好奇心，繼續問為什麼。

在這段對話結束後，我發現自己和瑞特的老師一樣，都不知道他寫作業的動機是什麼，或者他如何去理解這情況。結果，我們不斷做的事，反而得到了跟預期背道而馳的結果：為每個人創造了完全沒有生產力的情境。或許更重要的是，這段對話讓我納悶：「到底我們的終極目標是什麼？」

我從和瑞特的談話中了解到，他不明白自己被要求做的事有何價值，尤其這件事還要用到他（認為是）**自己的**時間去完成。而下課時間、放學回家後的時間，應該是玩耍，或是和朋友、家人在一起的時間才對啊！他明白在學校是「工作」的時間，需要學習老師想讓他學的東西；但是把學校作業插進自己非常珍惜的時間裡，感覺就很不公平。

瑞特一開始就不明白，自己為何被要求做回家作業，這使得情況更為複雜。他看不到做這件事情的目的，也就缺乏做這件事的動機。回家作業也導致瑞特和我，以及他老師的關係產生問題（可幸的是，他真心喜歡我們），以致情況更加惡化。到最後，他寫作業的唯一理由，是試著維持跟我們的關係，但也愈來愈討厭回家作業，這代價不可小覷。隨著這樣循環往復，他也開始認為自己不是一個好學生。

很明顯，十歲的瑞特還沒辦法像我一樣，完整表達整個分析歷程，但聆聽他所說的話之後，我很驚訝整個狀況是如此清楚。最大的問題就在於，我從來沒有真心問過瑞特。

我必須挖得更深入，於是從寫回家作業這件事開始思考。為什麼我會覺得，瑞特每天寫回家作業很重要？在我們的對話中他質疑過，自己被要求做這件事的意義在哪裡。因此，我以全新的眼光看待這些任務。

好幾年來，頂峰高中給學生的回家作業，一直不斷改造與創新，我想自己已忘了傳統的回家作業意味著什麼。

瑞特的想法確實有道理，他被交代的大多數作業屬於機械式學習。第一步，老師要他把黑板上的作業抄寫在計畫表上，以此知道自己要做什麼。他覺得這件事很糟糕，既沒效率又痛苦，卻是完成回家作業的第一步。而回家作業被認為要自發做到，還要接受檢查，然後打上分數。我不禁感到疑惑，為什麼？這樣做的目的是什麼？這當中的技能是什麼？這樣可以培養什麼習慣？可以確定不是成功的習慣。

現在，我們有許多不同的可能性，去追蹤各種責任、任務、執行專題和會議，為什麼我們仍假設每個人都要用一模一樣的程序呢？就像衛星導航，我們難道不該只定義「結果」就好，然後去幫助孩子理解，他要抵達目的地的最佳路線是什麼嗎？在這案例裡，結果似乎是「完成回家作業」，但是當我審視回家作業本身時，發現很難看出它的價值。

在這些任務中，光是把回家作業寫下來的必要性，感覺就相當命令。瑞特被告知要閱讀資訊，然後回應關於它的問題；利用步驟解決一組類似的數學問題；一遍又一遍練習書寫第二語言的字彙。還有一項回家作業，是用字典查閱單字的定義，做成單字卡，然後記住它們；即使瑞特已經知道這些單字，仍然必須做作業，沒有其他的選擇。

完成的作業被打上了記號。老師在那些數學習題上寫了「正確」或「錯誤」；讓全班學生針對單字卡進行隨堂考，卻沒提供關於這些作業的任何回饋。瑞特交出了完成的作業，卻等了好幾天、好幾週才拿回來。那麼，做這些作業的意義是什麼？

情勢出現令人羞愧的轉折，我必須問自己這個問題。我認為頂峰高中老師們的做法當然比較好，但我也當過很多年老師。我給所有學生指派了回家作業，也把回家作業寫在黑板上，要學生抄到自己的筆記本上。我花寶貴的時間收回作業，然後檢查批改並記錄完成的部分。就跟瑞特的老師一樣，我沒有給學生回饋——我哪做得到呢？我收回作業、批改和記錄的時間都幾乎不夠用了。

身為老師，我倒是注意到幾個模式：有些孩子總能如期完成作業；有些孩子字寫得很整齊；有些孩子作業做得很完整。大多數孩子都做得不錯，但也有不少學生根本都沒做。有些孩子是抄其他同學的作業，甚至有好幾個學生是在上課前才開始寫作業。

老師們已經習慣了對學生回家作業完成度的諸多不滿，總是能從自己以前對學生回家作業的表現，曾寫出的一大堆舊評語當中，挑出適合的寫在成績單上。當然，回家作業的完成度也被列入學生的課程成績。

無論如何，我還是無法理解，自己以前竟會使用這種模式那麼多年。可悲的是，我最好的解釋是：好老師給回家作業，好學生做回家作業；父母也認為，回家作業代表老師教了些東西給孩子。至少大家都是如此相信著。

當我和史考特討論要求瑞特做家事的想法時，一模一樣的經驗又上演了。我們很容易就能列出一張家事清單，交給瑞特去完成，並且說明我們希望他完成的方式，但是他真正學到的是什麼呢？我們的終極目標是要他把床鋪整理得很完美嗎？還是更深層的東西：讓他了解住在與他人共享的空間時，應該如何表現才會順利？如果我們的目標是後者，為什麼非要把焦點放在床的整齊度上呢？

父母很常指派工作給孩子做，像是以硬邦邦的規矩擺餐具（餐巾要在左邊，上頭放叉子，刀子擺在右邊，然後擺盤子、玻璃杯）；卻很少要求孩子：如何在院子裡種蔬菜？如何規劃玄關旁的置物空間才不會混亂，讓每個人都能找到自己想找的東西？規劃暑假時，要怎麼度過父母上班不在家的空閒時間？

我的意思並不是要說，父母應該廢除只要動手就能做好的規範性家務；而是想提醒，我們幾乎不曾停下來問自己，究竟真心想要讓孩子學什麼。

堅實的基礎

我和史考特與多數父母一樣，對於什麼習慣能引導到成功有一種直覺。這來自我們本身（好與壞）的經驗，以及我們認為什麼信念使自己成功或退縮不前。我們也閱讀了書籍和文章，以此尋找增進某種技能、品質，或是通往未來成功最重要的特質。

當然，我們也會和其他父母談論哪些習慣很重要。我和朋友們都被教導如何養育出有毅力與成長心態的孩子。我們知道數量驚人的資訊和極端複雜的意見，足以讓每個人都發瘋。不過因為在頂峰高中的工作，使我們可以排除所有的雜音和建議，透過小巧的多重鏡頭（偶爾還會加上學術色彩）逐一審視。

我們想要的，也是大多數父母想要的，就是看到我兒子成年之後，具備所有的成功習慣，能獨立自主，過著自己想要的生活。身為老師我很清楚，最上層的三個構建模組，就是我在追求的目標；如果我兒子的基礎搖晃不穩，就沒辦法得到那三個建構模組。

說到底，如果瑞特能夠在沒人支持的多重環境下，擁有「自我導引學習」、「好奇心」和「使命感」，那我就知道他做足預備了。

第九章

好奇心驅使的知識：指導吧

二○一二年，我們開始積極讓學生具備「利用自我導引學習去獲得知識」的能力，這裡的「知識」是指各項事實，或者套個許多教師使用的詞彙——「內容」。

我們想讓學生在取得資源上擁有自由和選擇。舉例來說，我們不會規定他們去讀教科書的某一章節。相反，在每天一小時的自我導引學習時段中，我們會給學生完整的資源清單，讓他們自由選擇，其中包括了讀物、影片、播客、線上模擬情境和練習題。

我們也給他們責任感和工具，知道自己學到某些知識之後，可以選擇接受測試和驗收成果的時間。簡而言之，學生不會在特定一天中接受同樣的測驗；更甚者，是等到自認準備好後才接受測驗。如果學生無法純熟展現學到的知識，就必須不斷學習，直到真的精通為止。

一開始，我們需要時間來適應學習知識的方法，但很快就看到學生引導自己學習的益處，不管是在成功習慣的養成，或是對於學習科目的興趣。每週我們都會檢查學生哪些部分學習很順利、哪些不順利，以及為什麼，並針對這點做出改進，加入他們的經驗中。

舉例來說，學生相信彼此對手邊資源的評價，也希望能展現出來，就像人們在商家點評網Yelp或圖書分享網站Goodreads上面寫下評價。他們想要用副主題來組織資源，這樣才能更明白自己會學到什麼。他們想要有更多練習解題的機會，並了解那些問題是怎麼解開的。

一週接著一週，我和團隊改進了資源、學習環境，以及提供學生選擇的多樣性。我們發現，當學生必須負責打造所需的基本知識，才能有效解決研究專題中的問題時，就會用各種不同的方式來學習。如此，孩子不只會好奇「如何」學習，也會對自己感興趣的範疇產生好奇心。學生的回饋讓我們看見，如果能讓孩子知道自己有「應該如何學習」的選擇，他們會感覺被尊重。我們也注意到，孩子開始發展出獨特且個人的方式，決定自己要學什麼、在什麼時候學，以及如何學。

有些孩子選擇先解決自己畏懼的科目，原因是想把喜歡的科目留到最後學習；有一個孩子就把自己的學習法，比喻成有紀律的食客：「我告訴自己必須先吃蔬菜，因為它們對身體有益處。然後，我才可以吃甜點。」其他一些孩子則決定先快速完成自己精通的科目，這樣能帶給他們自信和成就感，好克服接下來比較有挑戰性的科目。也有些孩子選擇平衡的學習方法，輪流學習不同科目，每週都花些時間在每個科目上。

一位又一位學生和我們分享他們的發展過程：試著理解自己是否已學到某些事、何時會知道自己已精通某件事，以及如何決定學習某件事的最好方法。他們都會給自己小測驗，正如其中一位學生為這些測試所下的定義：「去學習如何學習。」

你或許可以想像，孩子用這種方式控制自己的學習，跟一般被教導和接觸學習內容的方式，有本質上的背離。但在二〇一二年，儘管學生可以選擇其他很多方式和時間來學習，但是我們同時還是受到了傳統觀念的束縛，沒有改變（也無法放棄）一件事：每個學生仍然必須到班級上課，去學習由老師直接傳授的主題，這一點是學生必須做到的事情。

有一定歲數的人，應該有看過電影《春風化雨》（*Dead Poets Society*），羅賓．威廉斯在劇中化身為「講台上的智者」，每天跳上講桌，迷住他的學生們。我們再以本．斯泰因在電影《蹺課天才》（*Ferris Bueller's Day Off*）的老師角色（著名台詞是：「有誰知道……有任何人知道嗎？」）來做對照，就會清楚看見一個優秀老師應有的行徑，而一個糟糕老師又有怎樣的行徑：優秀老師會藉由分享深刻的知識與精心設計過的問題，以鼓舞、吸引和引導孩子去思考。糟糕老師則令人感到無聊，以至於他傳遞的知識似乎也變得無關緊要和無意義。

然而，在上述兩個例子中，兩位老師都在傳遞知識給學生去消化。這裡要傳給老師的訊息是：「把你的工作——傳遞知識——做好，只不過請以吸引人和有趣的方式呈現。」要改變老師對自身角色認知的心理是困難的，要改變學生對老師角色認知的心理也很困難。我們從自己的親身經驗中學到了這道理。

指導吧

到了學年中某一時刻，我們連續好幾週注意到，在要求學生評量「哪些學習資源對精通研究的知識領域最有幫助」時，強制性的老師講課時段，總是被評為最後一名。

一開始，我們並不理會這數據，認為青少年只是不喜歡任何**必須**做的事，尤其是在嘗過自由的滋味之後。但我們發現評量結果一直都是如此，於是認為如果仍舊忽略這些數據，不僅很不專業，也不夠誠實。有人提議，我們應該來測試對於學生缺乏熱情的「假設」。如果老師講課時段不是強制性，而是可以選擇的呢？這樣，孩子們會把這時段的排名拉高一些嗎？

每個人都對此感到憂慮，覺得如果上課不具強制性，孩子可能就不會出席，也會因此失去學習的機會。我們這樣做，是否等同教育瀆職呢？最後，所有人不情願的同意測試這個假設，但只進行一週。我們推斷，如果自己的恐懼成真，孩子頂多失去一週的學習機會，我們還能集體來彌補這部分。

結果卻跟我們想的不一樣。學生們仍然出席老師講課時段，然後一樣把這學習經驗評為最後一名。怎麼會這樣呢？我們決定把測試延長一個星期，結果仍然一樣；再延長一個星期，結果還是一樣。學生並未如我們原先擔心的「失去學習的機會」，但似乎也不覺得老師提供的學習機會有什麼幫助。

我們感到非常困惑，於是想利用焦點小組去好好理解，這究竟是怎麼回事（如果有疑問，直接問孩子就對了）。

我們把一群學生聚集起來談論此事，得到的回應是，他們不相信那些課是有選擇性的。學生都害怕若沒出席上課，會被記缺席或受到處罰，他們被以前的學校經驗制約，即使被告知有選擇上課與否的權利，還是不願相信。

因此到了第四週，我們把情況說得**非常**清楚，老師講課時段是自由選擇的，就跟其他學習資源一樣，並特別向學生保證，不出席上課並不會受任何處罰。那一週，出席課堂的學生人數降低了，但老師講課時段的排名仍舊墊底。接下來的兩週，出席的學生愈來愈少，而排名還是沒有變。

終於，在第七週的時候，老師講課時段的排名往上衝到了第一！這讓我們感覺難以置信。不過在審視數據時，大家都感覺很洩氣，因為每堂課出席的學生只有兩、三位。這到底發生了什麼事？

這幾個孩子把老師講課時段評為最喜歡的學習資源。為什麼？我們個別詢問每個學生，他們給出的答案相當一致：之前跟其他學生同時上課時，他們已經很清楚老師講的內容。大多數人不是有某些明確的問題，就是被困在**不知道**的事情裡。他們必須很有耐心的坐著，聽完一堆不需要的東西，才能得到一小部分想知道的內容。

而對於某些一開始學習就陷入困境的學生來說，課程已經過於困難，因此不覺得自己在這段時間學到了什麼。我們陷入了童話故事《金髮姑娘和三隻熊》（*Goldilocks And The Three Bears*）的窘境：熊爸爸的椅子太大，熊媽媽的椅子太軟；但學生在第七週找到了熊寶寶的椅子。

那些學生表示，在出席人數只有兩、三位的情況下，老師會把事前準備的課擺到一旁，改問他們需要什麼幫助。本質上，老師「指導」了學生，他們所花的時間比一整堂課更少，但孩子覺得，自己在恰當的時間得到需要的幫助，這就是這堂課排名第一的原因。所有學生都說，老師指導的方式比其他資源更了解他們，並且更能提供支持。

至於過去幾週以來，因為低排名而愈來愈不安的老師們，也表示獲得很大的滿足感。他們覺得這時段能讓他們真正明白，學生面對什麼樣的挑戰，然後運用自己的影響力和知識，有效且有意義的支持學生。即使如此，他們對於將老師講課時段改為非強制性，仍然充滿了疑慮。要老師放開這部分的工作實在很難，因為大家都相信這是自己的工作。

因此，我們做了妥協，同意再進行另一週稱為「指導吧（Tutoring Bar）」的測試——不知羞的致敬蘋果公司的「天才吧（Genius Bar）」。在學生自我導引學習時段裡，我們為每位老師擺設一張高桌，上面有個寫著「指導吧開張中」的招牌。老師們決定不上台講課，而是提供學生諮詢，看看會發生什麼事。沒多久，第一個學生走向一位老師尋求幫助；接著是第二個、第三個學生。

「指導吧」是我們那週評量分數最高的學習資源。不過我們也發現一個問題：在我們反應過來前，學生排隊的隊伍愈來愈長，評量分數也隨著等待時間變長而降低。於是，學生在排隊的時候，很自然的開始互助。沒多久，高桌旁除了老師提供幫助外，也擠滿了許多互相幫忙解決問題的學生。突然間，「同儕間的指導」竟成為我們最受歡迎的學習資源。

如今，我們有設計成「老師幫助學生」及「同儕合作學習」的學習環境，還有一個科技平台，讓已精通某領域知識、願意指導別人的學生能在這裡展示，雙贏的情況無庸置疑。證據清楚的顯示，當一個人教導另一人時，雙方都會更加精通那件事。

讓學生有意願適當的相互支持，不只能建立知識，還有許許多多的成功習慣；學生通常也會願意當其他人的學習資源，把本身有興趣的主題拿出來分享。當他們和同儕互動時，與生俱來的好奇心也會轉移出去。就像我會推薦自己剛讀過的書給某個人，對方瀏覽過後，很可能就會決定去買那本書。

老師的角色不會因為新的學習方式而消失，只是變得不同。不管是在學生自我導引學習時段，還是在研究專題當中，老師仍會在教室裡每個角落走動，指導、講授和支持學生。差別在於，老師把精力放在和學生極具影響與價值的互動中。頂峰的老師，可能會在早上帶領他的導師班學生，進行「撥開文化洋蔥」的活動；在「暢所欲言」小組研究專題時段裡，舉行一場蘇格拉底詰問論證法的研討會；在自我導引學習時段裡，指導一小群學生課業。

老師的角色比以往更為關鍵，他們的才幹被運用得更有策略。學生在學習時也不會成為孤伶伶的一個人，只能埋沒在他面前的筆記型電腦裡找資料，而是能把自身學到的一切，應用於與小組一起努力的真實世界研究專題裡。

我們不可以直接在網路查詢就好嗎？

「嘿，艾莉西亞，『大富翁』的規則是什麼啊？」

那天是聖誕節，我正和姪女布魯克一起玩擺在桌上的這款遊戲。我忘記玩家一開始應該有多少錢，而布魯克從未玩過這遊戲。我們家經常玩的這套大富翁，似乎遺失了規則說明書。某些時刻，我可能會想起可以上網 Google 規則，但那時我忙著在雜亂的遊戲櫃裡翻找說明書，而九歲的布魯克則毫不猶豫的問艾莉西亞。她的第一個問題沒能得到答案，但是試了幾次後，布魯克帶著輕鬆的口吻宣布：「黛安阿姨，每個人應該拿到六百二十元。」

在見識到每個小學生運用科技的精明程度（倒不是說「問艾莉西亞問題」需要用到科技的技能啦）之後，我合理懷疑，我們還需要再教學生知識嗎？在艾莉西亞和 Google 之間，不就能讓我們還沒回想起記憶深處的答案之前，就先得出每一個答案嗎？為什麼學生還要大費周章去記住一些資訊（例如歷史日期、字詞定義、公式、文法規則）呢？

大多數人在上學階段，花了很多時間學習記憶性的資料，然後在考試中證明自己知道這些事，但是考試過後很快就忘記了。如今，我們的孩子還需要做同樣的事嗎？答案是「不需要」。儘管如此，知識仍然相當重要，因此孩子需要做不一樣的事。

學習「如何學習」

學習的科學一直以來都顯示，孩子對於主題的熟悉度，和他們的表現與技能有一種相互關係。舉例來說，在一項研究裡，有群中年級學生參加一項閱讀理解測驗，內容是讀一段關於棒球的文章。不管這些學生在此之前的閱讀能力優越與否，對於棒球知識有一定認識的學生，得到的分數會比較高。

這研究與其他類似的研究讓我們知道，如果希望自己孩子擅長一些珍貴技能——像是批判性思維，就需要知道自己在認真思考的東西是**什麼**。

這些研究結果也呼應我們的個人經驗。大多數人能記得，自己在某段時期試著讀某些東西，卻不認識其中許多字彙。年幼的孩子在學習閱讀時，就很可能發生這種情形；不過同樣的狀況也可能發生在成年讀者身上，例如我若試著讀一段複雜的醫學或法律內容，必須非常努力去搞懂很多東西。

當然，我可以想辦法查詢某些單字的意思，並試著透過上下文進行理解；但事實上，如果那篇文章有一大堆我不認識的字彙，以及許多根本毫無頭緒的概念描述，剛才的策略就行不通了。就算我能快速在網路上查到它們的定義，但是腦海裡還沒時間去消化這些新資訊，不足以讓我看懂句子。

雖然如此，但你如果給我一段類似的複雜文字，內容卻是我非常清楚的範疇（例如教育政策），我利用前面同樣的策略，就能把這段落弄明白。我在第一個例子裡感覺相當愚蠢，但在另一個例子中卻相當聰明。我並不是唯一有這種表現的人。

在這裡，我們面臨了一個雞生蛋或蛋生雞的問題。一方面，當你知道某個主題的知識，要想學更多並表現於學業上，會比較容易；但想獲得這方面知識的最好方式，就是去「學習」。學校則讓沒有生產力的循環變得更糟。整個國小三年級，學校把重點放在教導孩子閱讀。但到了四年級，情況改變了，孩子們被期待是為了學習新資訊而閱讀，這顯然對那些還沒學好閱讀的孩子造成了困擾。

不過許多研究顯示，閱讀的熟練程度，很大部分取決於你對自己閱讀的東西有多少了解。對學校而言，這會帶來許多可能的後果，但是身為母親，我覺得最大的關鍵事實是：如果我的孩子一開始就擁有很多知識，他在學校會學得更多、表現得更好。

不幸的是，我們常常盡可能往孩子的腦袋裡填塞最多的資訊。父母往往容易有這種衝動，而這也是為什麼我們會讓孩子學習像是「公文式學習法（Kumon）[1]」，透過購買聲稱會教孩子重要事情的遊戲，鼓勵孩子記住很多事。

老師也會有這種衝動，但有很大一部分的原因是，社會看待老師為「站在講台上傳遞知識的人」。但對孩子來說，想得到知識，還有個更好的方式，那就是蘊藏於其內在的好奇心。

成功習慣的前三名為自我導引學習、好奇心和使命感。這是因為當我們想到青少年將邁入成年時，就把學習和成長的責任轉到他們自己身上。學習是從**好奇心**開始。當一個人發現問題時，根據邏輯，下一步便是去找出答案。人們會對自己有興趣的事物出聲詢問，但對沒興趣的事物，一般來說就沒那麼好奇。

在正式學校課堂經驗之外，一個人如果想要找出某個答案，就必須透過自我導引學習來找到答案。那麼，要解答出是雞生蛋或蛋生雞的問題，便屬於由好奇心驅使的知識。簡單來說，當我們能讓孩子循著自己的好奇心和興趣，他們學到的事物就會多太多了，並且是學得愈多，閱讀能力愈好，由此形成正向循環。

雲霄飛車的狂熱

我們一個親戚的小孩布洛迪，是個很喜歡雲霄飛車的高中生。雖然很多青少年都喜歡雲霄飛車，但布洛迪的熱情不只是「坐」雲霄飛車，還包括製作雲霄飛車的模型，他也知道關於雲霄飛車運作原理的一切。他最新完成的模型有六英尺高，是和俄亥俄州雲杉點遊樂園裡一輛知名雲霄飛車完全相同的複製品。

整件事起源於布洛迪到一位朋友家裡玩，這朋友有一整套K'NEX公司製作的雲霄飛車模型，布洛迪非常喜歡，希望也能擁有同樣一套模型，做為自己的生日禮物。布洛迪的父母在他動手組裝的時候也出了很多力，從這一套再到下一套。很快，他的母親必須開始尋找二手模型，因為布洛迪組裝模型的速度太快了，而這些東西又不便宜。

布洛迪的父親提議，全家人真的去**坐**一趟雲霄飛車，在那之後，布洛迪開始哀求每個週末都要去遊樂園。沒多久，他開始在YouTube觀看各式各樣跟雲霄飛車有關的影片。每當他談起雲霄飛車的話題，聽起來就像是一個興奮小孩和雲霄飛車專業工程師的綜合體。他對於雲霄飛車結構、安全性、設計和歷史的了解，足以讓任何人認為他是這方面的專家；不過他這些龐大的知識網，是以一種真實到近乎明顯的喜悅相互聯結。

1 譯者注：公文式學習法的創辦人公文公，因為看見兒子的數學成績始終不理想，於是發明一套教材，讓兒子每日定時花少量時間練習，達到成績進步的效果。一九五八年，公文先生在大阪創立公司，開設更多公文式教室，以「自學自習到高中」為目標，讓每個孩子透過自學自習，選擇適合自己程度的內容來提升能力。

如果我們仔細想想，可能也有認識像布洛迪這樣的孩子：一個十歲的孩子因為癡迷虛擬足球賽，對統計學有非常清楚的概念；或是十二歲的孩子對遊戲「當個創世神（Minecraft）」相當熱愛，因此可以編寫程式。

布洛迪第一次對雲霄飛車產生興趣，是在八歲的時候。如果我們把布洛迪對雲霄飛車所知的一切學術用語和概念編目，就會看見各種科目（物理、工程學、數學、建築、設計、政策和歷史），而他對這些科目的知識範疇，從早期的小學生概念（基本的重力）到專業概念（加速度和摩擦力）都有。

布洛迪的年紀和學業技能，並沒有限制他發展知識，因為他了解許多種不同的學習方法。他已知的事情與所學到的每一件事，能幫助他更容易學習。

布洛迪跳脫雞生蛋或蛋生雞的問題，進入**學習的正面循環**。過去對雲霄飛車狂熱投入的八年，使他現在能夠閱讀、觀看和明白某些與雲霄飛車有關的物理學及工程學複雜概念，因為他之前已擁有扎實的知識基礎。

不久前，我看著布洛迪把方法移轉到音樂上。他加入學校樂隊整整三年，學習吹奏長號。他跟許多孩子一樣，後來反思時，對自己最初挑選的樂器有些失望——他後悔當時沒選單簧管。不過當他反映自己想要換樂器時，卻得到負面的回應。

在無法放棄長號的情況下，布洛迪決定教自己吹單簧管。他從學校的經驗中對彈奏樂器有基本認知，而且也已學過音樂的基本原理。他想到過去曾憑一己之力，學到關於雲霄飛車的種種知識，因而對自學單簧管感到很有自信。

對我而言，布洛迪的故事最有趣之處，是他在朋友家對一件玩具產生興趣，進而接觸了雲霄飛車；還有透過網路的力量來學習如何吹單簧管。布洛迪的「興趣火花」需要兩樣東西：時間和學習管道。只要缺乏其中一樣，他的探索就會被阻斷。然而，我們卻在不曾真正深入思考這回事的情況下，阻斷了時間和學習管道。

競爭日益劇烈的大學入學申請，成了孩子的一種阻礙，使他感受到「必須在某事上贏過同儕」的壓力。儘管學習對一件事精益求精並非壞事（事實上，這其實是相當正確的態度），但其中也包含了許多取捨。

年輕的孩子在發展階段中，對自己還不是很了解。他對這世界的認識也不足以知道，某個特別活動（例如足球）會在接下來十四年裡，成為自己主要的長期興趣。對多數人來說，承諾成為「技壓群雄的傑出者」，意思是放學後、晚上和週末幾乎都要花在這活動上，只剩一丁點時間能分給其他也想嘗試的事（例如自在的遊玩），而這會使其他事看起來似乎沒那麼有效益。

舉例來說，瑞特多年來一直覺得地圖很神奇。他可以坐在那裡好幾個小時，為自己想像的島嶼，畫出充滿細節的地圖。我不知道這興趣會往哪裡發展，他有一天會成為製圖員嗎？還是奇幻小說家？這都沒關係。

重點是，他需要時間和空間探索這事物，從中發現自己的興趣，以及自己是誰。他把時間投資在地圖的目標，不是要確認自己的職業，甚至不是所要學習的科目，他的目標是學習如何依自己的好奇心去學習，並從中理解自己是誰，對什麼事有持續不懈的興趣。

體驗、探索、追求

在頂峰高中裡，我們花了很多心思，讓學生盡可能**體驗**各種經歷和想法。體驗能引起興趣的火花。這有部分牽涉到單純的鼓勵每個人（從老師到學生），去分享自己的興趣和熱情所在。

學校走廊貼滿了各式標語、海報、圖片、服裝和貼紙，顯示了各團體成員參與各種活動主題，從編織到政治都有。我們也會定期邀請校外人士參加學校的活動，例如展示未來博覽會、評估學生的研究專題成果等。這些屬於體驗的小部分，我們在課程設計上也提供更大型的計畫，像是學校每年的露營旅行，以及一年一度的研習營，整個班級進行身歷其境的跨領域校外教學，並結合參訪大學的行程。

大多數學校努力讓學生們體驗各種想法、興趣和經驗。但光是體驗還不夠，因此我們提供學生機會去**探索**感興趣的事物。舉例來說，我們在露營旅行時看見的一大群枯樹，成了學生興趣的火花，進而變成一個「熱血研究專題」。學生花了好幾週、好幾個月去研究森林野火的事，並針對他們打算做出什麼影響力，發表近似TED Talk的演說。我們以真實世界可見、研究專題為本的教學方式，帶給孩子各種機會和選擇，讓他們在研究專題中，探索自己有興趣的知識。

最後，學生有機會深入**追求**自己真的感到興奮的事。我們的「遠征隊」就提供絕佳的體驗機會。你可以把遠征隊想成某種選修課程，只不過我們所採行的，不是每學期五堂必修課和一堂選修課的做法。頂峰高中體系裡的大多數學生，一學年中有八週的模擬體驗課程，以兩週為單位分散到整個學年裡。

在這幾週裡，學生能自由選擇我們提供的豐富選修課程。舉例來說，在科學、科技、工程學、藝術、數學（以上五種簡稱為STEAM）、幸福、未來計畫、領導力和社會等範疇外，我們還有戲劇藝術、電影、攝影、機器人科學、領導力訓練和心理學等。此外，學生也能獲得實習機會，增加寶貴的工作經驗，例如前面提過的大衛，就在科技公司實習中獲得許多心得。

遠征隊會針對各種可能的實習機會，發表一份敘述性的型錄。這型錄跟傳統編排不一樣，比較像是針對每一種選項，敘述在課程中你會需要做什麼的動態網站，還附上一支相關短片，以及先前的小組研究專題或學生體驗心得的範例。

我們舉行一個博覽會，讓將來想參加的學生可以在那裡和所有遠征隊領導人見面，討論他們負責的領域細節。而我們發現，對一件事充滿興趣與熱情的人，常常會吸引人們也對此事感興趣。我們讓學生從各種不同的選項組別中，自由進行選擇。

關於遠征隊體驗，我們做了兩個重要且有趣的創新：第一，學生可以自行提案和設計內容；第二，有些內容由學生來領導進行。

儘管我們提供了一份相當長的課程清單，卻也知道無法提供學生所有機會，去追求他們感興趣的任何事物。因此，我們鼓勵學生設計自己的體驗課程，不管是為自己或同儕小組都行。我們要求學生設計的內容，要達到與專業遠征隊領導人相同的標準。當他們規劃和提出自己的想法時，我們給予支持；當他們達到標準時，我們為此喝采。

由於學生選擇對自己有意義的主題，因此就會以有興趣和開放的態度去參與遠征隊的各種體驗。當然，在某些情況裡，有的孩子進行第一次遠征隊體驗後，發現自己完全沒興趣；但其他孩子通常渴望繼續探索，往往整個學年都選同一個科目深入學習，甚至還自主學習。

例如一個學生米旭卡對電影深深著迷，一年又一年，他為自己的遠征隊設計體驗課程。畢業後，他進入大學讀電影，最近因為要製作一套紀錄片，回到頂峰高中進行拍攝。他年紀輕輕就獲得空間、時間和鼓勵去追求自己的興趣，後來更成為他的熱情所在。

當吉米・魯尼葛還是頂峰高中二年級學生時，他跟另外兩位學生組成了一支遠征隊。他們衷心希望學校裡有個模擬聯合國小組，卻發現沒有老師有空帶領這小組。這三位學生之前已做了許多研究來弄懂自己需要做些什麼，便問學校他們能不能設計自己的遠征隊。但這些學生不光是為了自己，他們提議設計一個模擬聯合國課程來教其他學生，就跟別的遠征隊一樣。

我聽了非常高興，因為這正是我們想要推廣的追求類型。我想這對三位學生領導人來說，會是一次能改變視野的絕佳體驗，同時也會為其他同學打造出一個了不起的模擬聯合國。我們其他職員的任務，是確定這計畫符合法規和規律，這工作就沒那麼刺激了。我們花了很多心思和力氣，想讓這個由學生領隊的遠征隊體驗既合法又安全，也總算找到了方法。

我們很清楚，吉米等人的課程必須達到與其他遠征隊課程相同的標準，整件事情才會成功。三位學生興高采烈的接受這挑戰。

關於課程發展和強化部分，我們提出非常清楚的期望，他們可以諮詢同一批協助老師做課程規畫的教職員。我想到吉米從遠征隊體驗及其「持續的興趣」中，對本身有更多的認識，並且明白這些知識對於他選擇的道路，擁有怎樣直接的影響力。

高中時期，吉米就跟在我們財務總監身邊學習，並認為自己將來有一天要成為這樣的人物。但是他從模擬聯合國體驗中，明白自己喜歡幫助人、規劃課程、給予回饋，以及見證某人弄懂某件事後，臉上疑惑消失的表情。這是他在財經領域上沒發現的「持續的興趣」。

並不是每個孩子都像米旭卡和吉米。事實上，只有極少數的學生能在早期就發現自己喜愛的事，並且追隨著這份興趣；多數人必須要接觸各式各樣的學科，在發現想深入追尋的某樣東西前，往往會先碰到好幾個死胡同。不過這整個過程也有益處：他們一路上都在學習。

原創性造就了差異

要讓孩子接觸他們可能會感興趣的領域有點棘手——即使沒有要他們在每個空閒都練習網球或拉小提琴也一樣。

多數孩子會需要先考慮很多可能性，才會找到一個或多個自己想探索的領域。身為父母，看著孩子繞著一個又一個潛在興趣打轉，很可能會感到非常挫折，甚至擔心孩子沒能力專注在一件事情上。

此外，嘗試新東西也可能在後勤規劃和財務上產生困難。很多時候，我們嘗試新東西的唯一方法，是報名參加某個講座、研習營或系列課程；儘管課程或體驗介紹不過寥寥數行，我們卻得先付費。若孩子去過一堂便不願繼續上課，父母就被卡在不自在的位置：強制孩子去做他不願意做的事，或是讓他放棄；無論怎麼選，感覺都讓人不舒服。如果情況許可，我們會想讓孩子以有效率的方式，盡量體驗可能感興趣的領域，而這也會激起他們的好奇心和動力去探索。

舉例來說，像是「挑選一本書」這樣簡單的事，青少年或成人拿起一本書，看了封面和封底一會，然後再放回去，這是很普遍的事。但如果有個人在那裡告訴他們，自己閱讀這本書、喜歡這本書的原因，有些人就會再把書拿起來。因為在這位「朋友」介入之後，他們對這本書的認識比一開始更多了；如果聽完還是不感到興趣，也不過是多花幾分鐘，不算什麼損失。

如果他們真的拿起書並繼續讀下去，結果發現內容很無趣，這依然算不上巨大的損失。比起參加十個活動的花費，繞著十本書打轉的花費低廉得多，但是「想透過適當的體驗，找出真正的動力，然後繼續探索」的想法仍然不變。

如果命中注定，可能是為期一週聚焦在服裝設計的暑期營，也或許是一本工藝書，甚至是花一小時看《決戰時裝伸展台Z世代》（*Project Runway Junior*）實境秀，來決定他們是否想再繼續探索這潛在的興趣。

重點在於，我們希望讓孩子探索具**原創性**的稀有體驗，而不是大量生產或強制規定參加的體驗——偏偏這是容易掉進去的陷阱。我最近和一個朋友聊天，得知她曾和一位收費昂貴、頗有人氣的大學升學輔導諮商員談話，因此獲得了一些建議，而她想知道我對這些建議的想法。

該輔導員以「讓孩子進入頂尖大學」的能力聞名，她建議父母和高中新鮮人選擇一項事物，在接下來高中三年（或四年）中專注於這項事物上。這建議很理智，大學招生辦公室人員也都表明，他們不希望高中生拿著一張冗長的社團或活動清單前來，因為他們知道，上面那些活動其實相當膚淺、缺乏深度。相反，他們想要招收的學生，是那些願意去深入體驗某項事物，並對它展現出毅力、熱情與精通的學生。

這種意圖是對的，但不幸的是，「破解體制」的心態被引導到執行面時，往往會扭曲變形。那位輔導員並非真的關心「孩子是否自認和所選科系產生確實的聯結」，對她來說這不是重點，那些要做的事情，只是去回應大學招生辦公室的需求而已。因此，她為孩子挑選活動的標準，是基於大學招生人員想看見的表現。

「我接下來要告訴你的話，讓我覺得有點慚愧。」這位朋友說。「我以前也試了這方法。很久之前，當我還在讀高中時，有位輔導員建議我，如果我在學校發起某項運動，這會讓我看起來很有進取心，給心儀的大學留下深刻的好印象。因此我想出一個計畫，說自己能幫助想當志工的孩子，找出合適的志工機會。只要他們把自己的興趣寫下來，我就會幫忙配對。老實說，其實我只是半吊子的亂做一通，因為我做這件事的目的，不過是想讓自己進入大學罷了。」

諷刺的是，我這位朋友也是學校的校刊編輯，而且對編校刊充滿了熱情。她陶醉於一手掌控校刊最後的成果，以及結合所有部分所需的縝密計畫，她說：「我喜歡編校刊的每個環節，也花了很多時間在這上頭，因為我就是喜歡。」

如今，她是一間出版社的專案經理。她納悶說道：「為什麼當初那位輔導員不建議我深入探索自己喜愛的事物呢？相反，我對自己花那麼多時間在編校刊，而不是在自己捏造出來的興趣上，反倒覺得很有罪惡感。」

這是一個好問題。我唯一的答案是：當我們把進入大學或找到工作，與「為自己」做好準備混在一起時，就等於沒達到目的了。當我們不是為某個特定學校或工作做準備，而是為自己想要的生活做準備，就比較能得到接納和圓滿。我們並不需要妥協。

網路的力量

想讓孩子接觸、體驗其可能的熱情所在，最有利的一個工具當然是「網路」。我遲疑了一會，才做出這樣的敘述。因為網路的裝置和進入途徑，對我們孩子也有不利之處。儘管我承認讓孩子接觸網路的真實危險，但網路卻也帶給我們空前的機會，這一點無庸置疑。

頂峰高中的學生倚賴科技做為記錄他們成長的工具，以及他們研究專題的導引。不出所料，我們從許多準父母那裡，收到一堆關於這點的問題。他們擔心孩子花在螢幕前的時間過長，也意識到未來得倚賴科技處理繁重困難的工作。

我們對於這些疑問的答覆，反映出一種看待科技的方法：務實的（網路就在那裡，不會四處跑，因此我們需要教導孩子負責任的運用）、樂觀的（借助科技，孩子可以得到很多收穫）。它是Google自助餐的體現：列出選項，然後讓使用者選擇。

孩子可以在網路上尋找資料來解答自己的好奇心。某人花幾分鐘介紹一本書，就能引起一個人的興趣（這是書封做不到的事），而一則短短的影片，也可以吸引孩子進入他想探索的事物。透過強力的搜尋引擎、一個接一個的網路聯結，讓線上遠征隊變得容易。當然，這也正是父母擔心的事，他們不希望孩子不小心進到某些不適當（甚至是有害）的網站。

但透過我們的參與、指導，以及（至少一開始的）家長監護設定，網路也能是對孩子友善安全的地方。我們陪孩子參與網路的過程，可以使他們做好準備，擁有獨自在全球網路優遊的能力。喬丹・夏皮羅（Jordan Shapiro）的書《新童年：在網路世界撫養孩子成長茁壯》（*The New Childhood: Raising Kids to Thrive in a Connected World*）提出一個觀點：父母與其在科技中採取強力掌控的處理方式，不如和孩子一起參與科技的使用。

夏皮羅在「美國國家公共廣播電台」裡表示，如果他的孩子在YouTube觀看慶祝消費主義的糟糕影片，「我會想要和孩子談，關於我為什麼覺得這種（消費主義的）態度既奇怪又有許多問題，我想教孩子用這角度去想整件事。因此在經歷過許多這類的談話之後，他們每次觀看YouTube，問我的第一件事就是，這影片是由誰付費的？他們想賣給我們什麼東西？」

同樣重要的是，我們在和四十個州的教師及機構團體合作的經驗中，親眼看見網路的力量，它消除了地理環境和社會經濟造成的障礙和限制，讓人能體驗和探索興趣。

對於住在小鎮或偏遠地區的人來說，網路提供了一個管道，使他們進入自己可能感興趣的事物背後的廣闊世界，如同圖書館可提供的資源。若沒有網路，他們的地理位置根本不可能擁有這些機會。

就算是住在紐約，一個人的經濟能力仍限制他體驗潛在興趣的機會。在網路上，孩子不會被限制在只能體驗由學校和社區提供的普通興趣，而是能發現各種大大小小的事，反覆探索可能感興趣事物的花費非常低廉。

美國兒科學會（American Academy of Pediatrics）體認到科技的進化和機會，因而在二〇一六年修改了建議孩童觀看螢幕的時間，不過這項改變尚未普及到整個社會。他們對六歲以上兒童每天觀看螢幕的時間，不再提出明確的限制。更甚者，他們建議每個家庭建立一個媒體使用計畫，設計出不使用多媒體的時間（例如晚餐）和位置（例如臥房），並且定義合理的使用限制，因此睡眠、運動和社交時間不會被螢幕時間給取代。父母也能以身作則，示範如何在網路上體驗、探索和學習興趣。

知識仍然重要

形塑好奇心還能夠幫助孩子，為看似有限的訊息和大方向建立聯結。舉例來說，當十歲的艾莉問爸媽：「為什麼我必須要知道美國有五十個州呢？」他們能給出的最好答案通常是：「你就是要知道啊！」多數父母對這件事和其他更多類似的事，可能會有相同的本能回應，但孩子顯然沒有這種本能，而「你就是要知道啊」這種回答，只會激起人類的自然反應，去壓制對自己不具意義的事，因此這種回答並沒有太大的用處。

對艾莉的父母來說，女兒的提問其實是很好的機會教育。他們可以思考，**為什麼**知道這事實，對他們最近讀過或想過的事很重要。例如一場暴風雪預計會襲擊美國中西部五個州，然後慢慢經過整個國家……為了明白暴風雪帶來的後果，就需要知道國家有多少地方會受到實質影響，如此便能回答艾莉的問題；同時如果「超級盃」即將開打，要是無法清楚掌握各地有多少隊伍受暴風雪阻擋，無法前來參賽，我們就很難掌握這次競賽隊伍的規模大小。

如果我們不能回答出「為什麼」，是因為我們自己也不知道答案，那麼，這就是和孩子**一起**利用網路，發現和產生好奇心的大好機會。當我們和孩子坐下來，針對彼此都不知道的問題誠心尋找答案時，結果會是如何？

首先，我們可以讓孩子看到，如何負責任的用科技來增進自己的學習；也可以看到如何彼此積極合作。我們創造了真正的話題，也為我們重視什麼事物、如何去理解世界等，開啟了對話的窗口。更重要的是，孩子會看見我們也仍在學習。

第十章

全方位的技能：創新的頂峰高中

頂峰高中成立第九年時，學校已有巨幅的成長和發展。我們已經有四所高中，還有另外兩間正準備要成立。所有高中都是以山來命名，這是提醒我們學生和組織要不斷往上爬，以達到終極目標的任務。

我們有一長串等待入學的學生名單，以及如雪片般飛來的家長信函，詢問我們是否會在他們居住地開設另一間頂峰高中。第一年打造的搖晃馬車已改頭換面，它跟灰姑娘乘坐由馬拉動的水晶馬車不同，並不是用一根魔杖憑空變出來，而是透過將近十年的專注、辛勤工作，朝著不斷改進的大方向前進，才讓頂峰高中能在學習旅程上，持續、可靠的載著每位學生前行。

當時，我們已有五個班級的學生完成了高中學業，第一屆畢業的學生也即將迎接他們大學的畢業典禮，許多學生（不是全部）會拿到大學文憑。我們整個組織因此集合起來，希望能解決這個問題。

頂峰高中首批畢業生當中，有五五%在那年拿到了學士學位證書，是全國平均值的兩倍；比低收入和少數族群學生高出將近八倍。這遠遠超越金柏莉當初對我們學生的期望。雖然頂峰高中在全國排名大有斬獲，但我們**知道**自己的畢業生中，有四五%未能拿到四年制大學的學位，大家對此其實是感到不安的。

雖然其他高中拿到學位的畢業生，充其量不過是我們的一半，但這事實並不重要。對頂峰高中來說，「相對較好」從來就不是我們的考量，「每一位學生」才是關注的重點。因此，**所有的**學生成功才是最重要的事。我們認為五五%還不夠好。

我們訪問了頂峰高中的校友，知道有些學生選擇兩年制的學位；其他學生選擇進入職場，例如成為水電工學徒；有些人面臨大學高學費或州立學校低效課程的實際挑戰，結果得花更久的時間完成學業。雖然我們有相當充分、合理的原因，能解釋為何頂峰的學生不能都拿到四年制大學的學位，但我們選擇挑戰自己。

我們從大學休學的學生那裡一遍又一遍聽到，我們學校對所有學生的高期望，確實讓他們進入了大學，但一路上「幫助」他們的地方太多了。當學生在學習路上顛簸或面臨失敗時，我們往往將他們扶起來，並且帶著他們走過終點線。這樣做或許幫助他們抵達下一個里程碑，卻也剝奪他們發展獨立做這些事的技能。等學生進入大學，沒有我們在身邊，許多人的腳步也就跟著踉蹌了。

這些回饋令人心痛的地方在於，它的迴響是如此強烈而真實。我們盡可能幫助學生，是因為愛他們，願意傾盡所有幫助這些孩子成功。雖然我們這麼做了，內心深處卻知道這以後會出問題。

就像許多父母一樣，我們以「若現在不介入，以後孩子甚至一絲機會都沒有」這種理由，合理化自己做出的選擇。

從許多例子來看，當時那麼做是對的；畢竟，我們不能讓大夥失敗得一塌糊塗。但我們本可以在這一路上，讓學生有些跌跤、絆倒，幫助他們從失敗經驗中學習。我們決定從頭來過，弄清楚還能多做什麼，幫助孩子做好準備，面對以後要進入的世界。

創新的頂峰

在這一天，將近八十位老師走入頂峰高中，他們拿起咖啡，彼此擁抱或擊掌問候，人聲漸趨嘈雜起來。這時，響起了一首輕快的流行背景音樂。一幅巨大的哈士奇壁畫（由我們招收的第一個班級所繪製）裝飾在學校入口走廊，好幾排的大學小旗幟，從開闊空間上方的長椽垂掛下來。

我們的學生全都在外頭，沉浸在遠征隊的各項體驗中，課程老師藉此跟學生有更多的相處時間。接下來的四十八小時可說相當緊湊。我們把這兩天的設計體驗稱為「創新的頂峰」——帶有雙關的意味。這次體驗為之後一個月的專業工作，帶出了高效且深刻的影響。我們不浪費任何時間，立即開始。在幾分鐘內，每位老師被隨機分配到十三個設計團隊裡，所有人加入自己的小組後便分散活動。

第一項任務的指令是：表明自己想負責的部分，並快速組成一個「設計工作室」，讓由六個老師（校長）組成的小組，接下來兩天可以在這裡工作。老師們快速穿過一大堆聚集起來的用品，其中包括可翻面的白板架、板條箱、懶骨頭坐墊、毛毯和枕頭。在幾分鐘的時間裡，所有隊伍已準備就緒，並建造了時髦、有創意的工作空間，當中有一籃的隨意貼、馬克筆、牛皮紙和各式手工藝用品。

亞當用自己的擴音器換來一個麥克風。如今是頂峰高中首席教務長的他為了這一天，花了一年多去累積這些東西。他和站在一旁的教練費德里克密切合作。費德里克任職於 Google 惡名昭彰的創客空間「車庫」，擅長幫助隊伍在設計過程中，找到解決大問題的方法。他相當慷慨，自願投入時間來幫助我們。

從頂峰高中成立以來，我們做每個決定時都會問：「什麼對孩子最好？」一再重複這個過程後，這問題變成了祈禱文——一個讓我們實際做最重要事情的試金石。在這一天，我們要再往前一大步。

通常，我們會在很明確的範疇中，問什麼對孩子才最好：什麼樣的日程表對孩子最好？哪些科目？什麼樣的教學課表？開始的時間？這個月，我們有許多計畫要快速執行，還要問自己一個大問題：如果完全沒有束縛，怎樣的學校設計對孩子最好？

費德里克幫助我們，構想出一個「設計馬拉松」的活動。這概念是從同理心開始的，我們想真正明白關於學生的每件事，以及他們的生活狀況。每個團隊都拿到畢業生提供的所有資料，以及從目前學生那裡得到的回饋和意見。

所有團隊只有很少時間為和學生首次訪談做準備（學生的年紀從九歲到十八歲都有）。在這兩天裡，他們會多次進行訪談，有些學生來自頂峰高中，有些則不是。費德里克和亞當指導他們用「童心」來處理訪談，以饒有興味的驚奇去看待聽到的每件事。他們也警告，不要說太多話或問一大堆問題。相反，他們建議所有團隊只要問「為什麼」。一開始，許多孩子似乎不太確定要分享什麼。但是沒多久，他們就讓孩子開口說話了。所有團隊很快就發現，關於學校做哪些事有效果、哪些事沒效果，孩子們有**很多**話想說。

就讀於本地一間學校的五年級學生凱，他對於學校所做的觀察和想法很吸引我。某個團隊剛開始訪談凱的時候，無法理解「學校對他沒有任何用處」這個事實。凱是個非常有見解、健談、客氣又搞笑的年輕男孩。他為何會自認不屬於那間學校、討厭上學，甚至懷疑學校對他不公平呢？

該團隊設法按照原則提問，持續問「為什麼」，因而發現凱心裡對家庭生活有很豐富、美好的想像，對世界也有一個完善的幻想。他有好奇心，問了很多老師沒時間回答或不欣賞的問題；老師出的作業讓他感到洩氣又無趣；他不確定學校能為自己帶來什麼益處。

在這兩天裡，每個團隊不斷訪談孩子，並根據聽到的內容來設計一些點子。每當孩子們回來時，會針對團隊的提案和點子雛形給予回饋；孩子離開之後，所有團隊再努力把這些點子、提案改得更好。

凱第一次回來給予的回饋，幾乎讓團隊大感挫折。儘管他們掌握了關鍵的想法——孩子需要機會去探索興趣，但是凱卻覺得他們錯失了良機。他想要知道，這計畫要如何真正幫助自己？光是鑽研自己有興趣的東西，似乎不是一個讓他上學的好理由。

當各團隊陷入瓶頸時，亞當和費德里克持續為大家打氣。第一天進行到某個時刻，有個團隊喊了暫停，說出許多人的想法：「我們想出的一些點子，跟現在學校的樣貌很不相同。如果我們真的去實行了，最後卻是錯的，該怎麼辦？我們要如何負責的在孩子身上進行實驗呢？」在這之前，大家身上散發出明顯的活力；這番話一說出口，偌大的空間頓時鴉雀無聲。

言語相對溫和、大部分時間在一旁指導的費德里克，在這時站了出來。他承認「創新」的確會產生真實而嚴重的焦慮，特別是可能讓人陷入危險的時候。但他接著開始談自己在「自動駕駛汽車」方面的工作。

他說：「我想，或許它跟學校沒有那麼不同吧！我們剛開始研究自動駕駛汽車時，是想要改善人們的生活。想想看，讓車子自動駕駛的同時，你可以省下這時間來做其他事。想想看，你到達目的地時會有多放鬆。自動駕駛汽車可以大幅降低交通量，並消除每年因駕駛人的錯誤和分心，所導致的數千起車禍。」他停下來安靜了好一會，然後又說：「但這些車子也是有危險的。到了某個程度，我們的自動駕駛汽車也必須開始上路測試。如果某個東西出了差錯怎麼辦？如果它們傷到了某個人呢？或者更糟，要是它們撞死了某個人呢？」

當我意識到費德里克想說的話時，感覺自己屏住了呼吸。他說：「美國每年有三萬名某人的父母、兄弟、姊妹、兒女，死於原可避免的汽車交通意外。你們可曾有任何親友因為車禍而過世的？如果我們能做某事卻選擇不做，這樣似乎是不道德的。不過這也存在風險。」

他看著我們大家，問：「當你知道自己可以做一些事卻選擇不做，這樣算是有道德良心嗎？如果你們**不**採取行動，會有多少人的兒女繼續受苦呢？」他說完這些話之後，室內仍然是一片靜默。漸漸的，人們開始轉過身與自己的組員輕聲交談，他們想要知道：「**如果我們不為每個孩子做好準備，以後會失去哪些孩子？**」

所有的團隊回到崗位上，利用毛根、陶土、壁報紙和更多東西，打造自己的點子雛形。這些由膠帶與膠水黏合起來的模型儘管粗糙，但成功傳達他們對於學校面貌的遠大想法，這當中的設計才是真正為孩子服務的。

第二天結束的時候，每個團隊各自把創造出來的新學校模型，呈現給包含學生、家長、老師、社區成員在內的觀眾。接著，競賽開始了。每個人都拿到虛擬貨幣，要投資在他們最喜歡的學校模型上，學生分到的錢要比大人還多。所有我們訪談的學生與他們的父母回到這裡。他們可以把所有錢投資一個模型，或是把錢分散到喜歡的模型上。

最後，之前訪談過凱的鸚鵡螺隊贏了。凱明確和誠實的回饋，乍聽很難令人接受，但是該團隊並沒有因此閃躲。他們丟掉第一個雛形模型，放棄原有的想法，開始打造凱會喜歡和尊敬的學校。到頭來，他們把自己的設計取名為「我的道路」，融合學生的興趣和熱情為特色的學習經驗，也清楚聯結大學和公司雇主都在尋求的技能經驗。

「我的道路」以應用程式為動力，可以讓學生決定未來想要做什麼，之後展現他們在學校學習和進行的一切事情，能夠幫助自己做好怎樣的準備。凱在經過謹慎考慮和仔細查看所有選擇後，把所有錢放在「我的道路」上。

在某個層面上，這似乎非常明顯：學校應該幫孩子做足預備，好讓他們擁抱未來想要的生活。在另一個層面上，這看起來又不太可能；如果大家都想要不同的東西呢？這樣不就一團亂了嗎？如果每個學生各有不同的志向，又要如何學習自己所需的東西呢？

答案是：聚焦在通用的全方位技能上。

協調後的教學法

一個月之後，我和全體老師在頂峰高中裡，看著我們所有學校裡最宏偉的一面牆。自從「創新的頂峰」活動後，我們一日又一日的忙碌著。從學生和創意合作團隊那裡獲得的領悟和啟發，已經為我們加足信心，得以創造出學生進入大學、職場，以及獲得圓滿生活所需的「全方位技能逆向地圖」。

我們事先在壁報紙上印下計畫，上面貼滿了隨意貼，之後將壁報紙貼滿牆面。對大多數人來說，這走廊看起來像是剛爆炸過的辦公室倉庫。凱和其他孩子讓我們明白，他們想要知道自己該往哪裡去、怎麼去那裡。對老師來說，「逆向地圖」既是教學法也是學習計畫，從一開始就清楚定義了它的目標。

老師期待學生在總結學習經驗時，能知道並採取行動，了解一路上自己應該做些什麼。逆向地圖跟只是把一串活動聯結起來的「教學」截然不同。教學充其量就是漫無目的開著車子亂繞；你可能會在沿路上看見某些很酷的事物，但做為一種讓你到達目的地的工具，你根本不可能依賴這種方法。

從一開始，頂峰高中老師就設計了逆向繪製的課程計畫，大家孜孜不倦的工作，建立各科專題和學習體驗，這條路通往他們對孩子的期望——在年終時表現學習成果。同僚們相互合作，有時甚至彼此教導，因此在他們的規畫裡有眾多共力作用，卻不是刻意的一致。到最後，每個規畫歸屬於某個特定的老師，由他來專門教授。

每個課程各自通往不同的技能，儘管這些技能很可能同樣重要，但在主題領域之間，並沒有相互搭配或一致的地方。因此，當高二歷史老師霍爾進行著關於殖民主義的研究專題，並教導學生各種研究技能時，並不會跟三年級的老師真正討論過，學生在這堂課應該需要什麼樣的研究技能，以及應該要準備到什麼樣的程度。

老師各自獨立作業的狀況，可能是從以往共用校舍的歷史發展而來。緊接著是學校教育的工業化模式，讓該科目領域老師只教授自己的領域。不過這行業的隔離天性會維持下來，也可能是因為後勤的緣故，或者該說，老師基本上沒時間和同僚一起做事，事實就是如此簡單。

絕大多數的老師，一天可以和學生直接互動的時間不到一個小時，而每位老師有空閒的時間也很難剛好一致。在平常時間之外，老師一年往往只有五、六天不是跟學生攪和在一起，而能夠與同僚齊聚工作。教學上的各種要求占據老師們的時間，並消除了與同事積極合作的機會。

上述的一切意味著，多數老師在沒有和學生或其他老師協調的前提下，得自己決定該教什麼，以及怎麼教。從學生的角度來看，表示他們在「自己應該學什麼」這件事上，每天會面臨五、六種不同的老師觀點。經過幾年的複合效果，學生在應該發展的技能、知識習慣上，會接收到至少二十種不同的解釋。

身為學生學習的評量者及其未來選擇的守門人，老師在傳達「哪些事情很重要」的概念上，有著舉足輕重的力量。學生理性的做出表現，致力於符合每位老師的期待，結果反而無法發展為未來做好準備的全方位技能。畢竟如果老師們沒有共識或方法，學生又要如何習得這一切呢？

「創新的頂峰」活動讓我們得以回到過去，以學生的角度看待整件事。這麼做提醒了我們，儘管每一門課都經過每個老師謹慎的設計，往重要的學習方向前進，但它們對學生來說不總是永遠連貫和一致的。這使得孩子們無法年復一年練習最重要的技能，直到純熟為止。

對老師來說，為不同的學習技能定出名稱，並用不同方式來衡量它們，似乎並不是最要緊的事情。在最好的情況之下，老師們能夠明白某個同事建立的學習觀點和另一個同事提出的某個學習主張，其實是同一件事情。如果時間充裕，老師們可以檢視彼此的評分系統，理解到即使他們各自以不同字眼向學生解釋這些技能，再根據自己看到的不同成果給學生分數，事實上，大家其實是在學生身上尋找類似的學習目標。

但只有老師能認出這些相似之處。孩子並無法串聯這一切，對他們來說，這些課程和科目各自分立而不連貫。孩子對將來自己需要純熟哪些技能，看不出什麼邏輯模式或明確訊息。

如果我們向競技運動尋求靈感，將會看到怎樣的景象呢？這世界明白「一百公尺短跑競賽」的意思，對於「如何測量一個人參賽的能力」也有協議。大家對於跑最快的人有多快、新手跑者的速度，以及專業跑者的速度都有一定的共識。這表示，一個十歲男孩在公園裡，透過父母、計時器和捲尺的幫助，可以精準量出自己跑步的速度，確定自己目前的運動能力。更重要的是，男孩可以利用這項資訊，開始讓自己採取行動。他可以取得數不盡的資源來幫助自己進步，每一天都有各種選擇，用以確認自己在一百公尺短跑競賽裡有無進步。

儘管相較於男孩自己（或在朋友、父母的幫助下）練習，一個專業跑步教練或許能讓他進步得更快，但男孩未必只能依賴專家來追求成長與進步。我們想要給自己的孩子同樣的工具、能力來和專業教練合作，年復一年在那些極重要的技能上努力。我們需要共識、明確性和完全一致的定義這些極重要的**全方位技能**。

企業雇主尋求的全方位技能

運動員想要在一項運動中有傑出的表現，就需要擁有公認的技能。某些運動（例如足球）或某個位置（例如投手）需要一些明確的技能，但許多技能也適用於所有運動。

事實上，每個競技場上的運動選手，都可以因為心肺功能的健康、強壯、靈敏而獲益，這道理在人生也同樣適用。相信每個人都會同意，溝通、批判性思維、問題解決等能力是相當重要的。這些廣泛的技能會讓我們覺得，某個人擁有這份工作所需要的技能，因此想要雇用他。

從許多雇主數不清的清單上，都可見到以下這些技能需求：

雇主希望在大學畢業生履歷上看到的技能

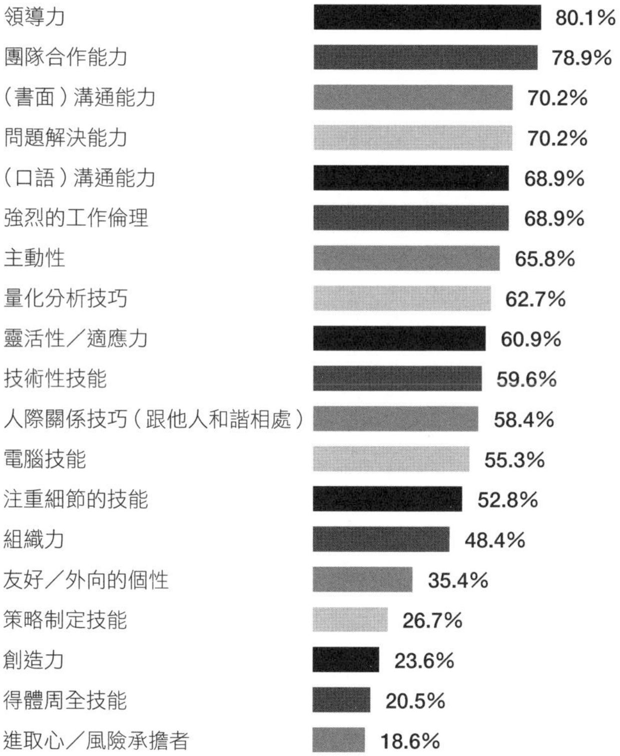

資料來源：全國大學暨雇主協會

這是很不錯的清單，我們難以辯駁任何這些特質的重要性，但它同時也相當的「籠統」。靈活性到底是指什麼，又要如何知道一個人是否有這項特質？成為領導者又是什麼意思？這詞彙跟有進取心有多大的不同？一個具有主動性的人，可以同時也是風險承擔者嗎？如果頂峰高中要教授全方位技能，就必須將各技能清楚命名、明確定義並加以衡量。

在朝科學面深入挖掘、諮詢專家意見時，我們將重點放在七項符合認定標準的全方位技能領域。不只是因為它們名稱清楚、定義明確、可被衡量，更重要的是我們能教導出來。在雇主的員工技能需求清單中，這些特質並不在很重要的位置，但當它們與成功的習慣和特定的知識結合並加成後，造就出具有領導、溝通和問題解決能力的人。我把全方位技能、成功的習慣和知識給視覺化，就像用各種不同方式組合的樂高，最終讓人具有生活所需的最高層級特質。

因此，在所有老師能專注於培養學生同樣全方位技能的前提下，我們制定出兩百個足以涵蓋全部科目領域的研究專題。藉由學生的經驗，我們把每個研究專題擺放到適當位置，在其他研究專題之上繼續發展，使得學生可以一遍遍練習同樣的技能，獲得真正的進步；就跟棒球選手日復一日練習自己的打擊能力一樣。

我們知道，當頂峰高中的學生開始讀九年級時，就會利用各種資源研究全方位技能，這種練習得持續十幾次，直到變得有意義為止。在英文和歷史上，他們會用整整四年來重複這些練習，在高二、高三時，則是在科學課上重複這些練習。我們可以一路看出這些練習的軌跡。

全方位技能評量指標

科目領域課程的研究專題，由以下三十六個技能進行評估：

內容分析	主旨／中心思想、觀點／目的、發展、詞彙選擇、架構
產品簡報 & 口頭報告	精準溝通、多媒體溝通、口頭報告
調查	提問、定義設計問題、規劃和進行調查、假設
分析 & 綜論	組織和表達資訊、模式識別和關係、比較和對照、模組建立、資料／資訊解讀、做出關聯和推論、評估論點、評估競爭設計解決方案、建構設計解決方案、建構實證本位的解釋
演說／聆聽	實證本位的討論、規範／主動聆聽
組織／書寫	論點說明、資訊型／敘述式論點、敘述、反訴、證據選擇、證據說明、證據整合、組織（過渡、內聚力、結構）、序言和結論
資源使用	選擇相關來源、資源脈絡化、綜合多媒體資源

要把這一大面牆建構起來並不容易。首先，老師在決定該教什麼給學生時，喜歡有自主性和能力。每個老師都想給學生最好的教育，也同意採用協調過的教學法（不只是專注在單一老師或科目，而專注在整體的課程規劃）是正確的路，但是他們必須放棄很多事，才能讓這教學法成功。

在那一個月裡，我們學校對於哪些真的是全方位技能、如何準確描述這些技能，以及培養學生擁有這些技能的最有效方法等議題，進行了相當火爆的辯論。老師們針對「為何某些科目跟其他不一樣，而應該是不同的全方位技能」的問題，做了慷慨激昂的陳述，卻沒想到其他同僚會針對全方位技能的「意義」進行反問。我們花了很多時間，揭穿某些根深柢固、不被科學和證據支持的學習觀念。

到最後，我們的老師成為了專家，而「什麼對孩子最好」對他們來說，就如同呼吸一般自然。貼在巨牆上的計畫回答了這問題：**「對孩子最好的是，我們把他們成為成功大人所需的全方位技能，變得顯而易見。對我們來說，把每一天的每一秒，用在幫助孩子培養和發展這些技能，就是對他們最好的事。」**

那一整個月過程中發展的一切，雖然很基本卻有啟發性，很理論卻相當重要。如果我們沒有「創新的頂峰」經驗，就不會走到這一步，也不會以如此開放的心態去研究各種技能；它讓我們去思考，如果我們不害怕，那會怎麼做。

為學習慶祝

在頂峰高中的「為學習慶祝」之夜，所有學生都有一個指定的位置，來分享自己最近努力的作品。大家最終的成果非常不同，因為他們之前努力的研究專題都不一樣。成果類型有論文、模型和多媒體簡報。

有些學生分享之前上蘇格拉底反詰法時的筆記，有些人則播放自己先前演講的錄音內容。他們分享模擬審判的照片、寫給政治人物的信、利用數學等式做出來的美術作品。所有孩子作品的規模和品質都讓人印象深刻，不過對我來說，這一晚的亮點在於他們的反思。

每個學生都預備好談論自己為研究專題設定的目標（努力練習的技能，以及為什麼要練習）、制定出來的計畫、執行的過程、體驗到的自我成長、哪些部分仍需努力，以及開展新的研究專題時，要學習哪些知識。

有一頭黑髮、滿臉雀斑的高二學生潔姬，分享自己寫稿、拍攝的一段場景：「當我開始『速成課程』這研究專題時，我很擅長辯論式主張。不過我非常需要練習『組織』技能。具體來說，是我在轉換語意的部分。我也想要改善自己的『選擇相關來源』技能，我進行前一個小組研究專題的時候，在這部分做得很辛苦。」她周圍的人（包括幾位家長和年幼的小孩）點著頭，彼此相互看了一眼，表現出對這番話的感動。

不管我經歷多少次這類的對話，還是花了一些時間才體認到，自己是在聽一個高中孩子說話。辯論式主張、轉換語意、選擇相關來源……有哪個孩子是這樣說話的啊？潔姬又是怎麼知道自己擅長什麼技能呢？

當然，她會知道是因為進行不斷的練習，也被教導使用能幫助自己追蹤技能進度的語言。她日復一日練習著同樣的技能，不只是在一堂課中，而是在每一堂課裡；也不光是練習了一年，而是每一年。

「你剛才說是為了改善『選擇相關來源』這技能而設定目標？」我問她：「你做了哪些努力來增進這項技能？」我很喜歡拿這問題來問學生，因為他們會脫稿回答；很顯然，他們現在侃侃而談自己每天做了哪些事，並不是表演給前來觀看作品的家長們看。他們會談到自己犯的錯誤、得到的回饋、如何和老師及同學合作，一直到某個時間點之後，彷彿是時機成熟了，大家開始出現了進步。

這就是潔姬非常詳盡解釋的內容所在。在她的例子中，她原本並不是很明白媒體來源可能會有偏頗與不同的標準。她開始學習如何針對資訊來源進行研究，不是一定要把它們排除，但是要去了解從資金到任務過程中的所有細節。在衡量不同意見和相互衝突的矛盾時，去了解這些可能是確實、精確的資訊背後，有沒有人為操作，這是相當重要的一步。

有些學生聽了我的提問，可能會解釋自己沒達到原先期望目標的原因，因此還需要繼續努力等。他們很樂觀，知道還有下一個研究專題，可能讓自己得到另一個機會，練習需要努力的技能。每個學生都有自己做得相當好的部分。

在這些「為學習慶祝」之夜裡，沒有學生拿到A級、B級或C級等分數，每個對話都很獨特，同時也都有相同的地方：每個人都有做得好的地方，也都有尚待改進的地方。當人們在解決真正的問題、回答重要的問題、真實的研究和努力時，永遠不會有完美的時候。但重點永遠不在於完美，而在於他們從中獲得了成長。

第十一章

具體的下一步：畢業之後的生活

二〇〇七年一個溫暖的春日午後，我感覺那是幾年以來心情輕鬆許多的一天。此前四年，我努力成立頂峰高中，在大多數日子裡，心中充滿了壓力、擔憂和一大堆困難的問題；但是在這一天，我卻感到很自在，因為我們在慶祝大日子呢！

我花四年指導的學生們要畢業了，那是我們最後一天相聚。我們辦了派對，要到本地的「國際鬆餅屋」連鎖餐廳吃午餐。經過四年的相處，我們已成為了一個大家庭。之後，在從容走回學校的路上，大家的親密程度完全顯現出來，我們談天說笑，相互捉弄。

我不知道是誰先注意到，一個男子就站在學校辦公室上鎖的門前等待。這名拉丁裔男子年近三十，身上散發出一股熟悉的特質，但我卻完全不知道他是誰。

我們走近時，他注視我好一會兒，然後慢慢舉起手，表示認出了我而感到輕鬆。我走上斜坡，朝他旁邊的門走去，學生們則是像小鴨子般，在我身後排成一列。這群小孩對什麼事都很好奇，也很愛插手別人的事——我的事也不例外。

我靠近這名陌生男子時，他開口說話：「夏佛小姐？我的意思是，塔文納女士？」

突然我恍然大悟，他是我在霍桑高中的學生。我遲疑的問：「馬帝歐？」

「沒錯。」他寬心的回答，並把一隻手放到胸口上，我對這個動作還記得很清楚。

他說：「我得找到您。」

我問：「一切還好嗎？」悲哀的是，我的直覺總是假設來自霍桑高中學生的消息都很糟糕。

「是啊，一切都很好。」他快速說道。「我和家人來到這裡的灣區，我想自己一定得來這裡，跟您說聲謝謝。」

「哦，為了什麼事呢？」我驚訝的說。

我第一次見到馬帝歐的時候，他是霍桑高中二年級的學生，被分到我的大學先修班英文課。他是個穩健、可靠的學生，總是完成作業，在課堂上也盡責的參與討論。有時候，他下課後會留下來，我們兩人分享各自正在閱讀的小說心得，或是各自的生活狀況；我因此發現他有幽默感、一個女友，並夢想成為家族裡第一個上大學讀書的人。那時我擔任學生報紙的指導老師，於是招募馬帝歐加入我們。接下來兩年，他成為我最可靠和勤勞的學生記者之一。

馬帝歐升上高三的那年秋天，請我幫他申請一間州立大學，我赫然發現他的成績不足以被錄取。他在我課堂的成績非常好，但在其他課堂的表現很不平均。雖然馬帝歐對於最後的結果很失望，不過還是重新振作起來。一九九八年六月，他自霍桑高中畢業後，計劃要到本地的社區大學讀兩年書，然後再轉學到州立大學去。

馬帝歐畢業的隔天早晨，我最後一次回到霍桑高中，收拾所有東西，準備要到北加州去跟史考特會合。由於前一晚舉行派對，此刻的校園一片狼藉：為一九九八年畢業生慶祝的布條被扔在地上，五彩粉紙和彩帶被晨霧浸溼，看起來就是一幅濕軟、沉悶的悲傷景象。我把視線從那團混亂移開並開始整理東西時，突然聽到了敲門聲。馬帝歐出現了。

「嘿，夏佛老師……我是說，塔文納老師。」學生們仍不習慣稱呼我的夫姓。

「嘿，馬帝歐。怎麼了？」我很高興看到他，又有些擔心他在畢業隔天來這做什麼？

「我想應該過來看看您需不需要幫忙？」一定有什麼事情發生了。我可以從他的語氣聽出來，而且他並沒有直視我的眼睛。

「謝謝你這麼慷慨。好啊，有人可以幫我拿這些箱子挺不錯的。」我這麼回答，同時試著表現出淡定的神情。如果我給他一些空間，他應該會告訴我到底發生了什麼事。

馬帝歐低著頭走過來，突然停下腳步，說：「我來是想告訴您，我沒有要上大學了。」

「哦，為什麼？」我既驚訝又疑惑的問。

「我只是在想，自己需要工作。您知道，我媽這些年來一直在照顧我，她需要我幫忙。」他的目光往上看，我則是看著他的眼睛。

「馬帝歐，你為什麼決定過來告訴我這件事呢？」我問。他凝神看著我，沒回答。

最後，我打破沉默，說：「我想你會來這裡，是因為知道我不會讓你做這種決定。來吧！我們走。」我讓馬帝歐上車，然後載他到本地的社區大學。我們走過校園，來到註冊辦公室，填妥所有的表格文件，選了課程，當下就完成註冊手續；接著我們再去書局，買好馬帝歐需要的書。最後，我們找到馬帝歐之後要上第一堂課的教室。由於門沒上鎖，我們走了進去，在前排找位子坐下來，想像馬帝歐成為這裡學生的場景。

那天我們相處短短四個小時，但直到十年後，當馬帝歐站在我上鎖的辦公室前面時，我才再度記起來。事實上，我一直沒把自己跟馬帝歐討論他未來的互動，看做是很特別的事。因為這是身為老師的一部分，是所有人都會做的事情啊！

「我必須過來告訴您，我現在是一名老師了。」馬帝歐說。「我就讀社區大學然後轉學，就跟我們計劃的一樣。之後我拿到了學位，知道自己需要去幫助像我一樣的孩子。現在我在霍桑高中教書的教室，就是您當年教我的那一間。」

一聲響亮的「哇」從我指導的學生嘴裡迸出來，他們一直注意著我和馬帝歐重聚的一舉一動。「我試著為其他孩子做您當年為我做的事。」馬帝歐一鼓作氣說完這句話。

一開始我沒有完全會意過來，但是在他解釋當中的某一刻，我開始哭出來。我感覺到身後的學生們靠近了一些，傳達著他們的鼓勵。

我說不出任何話，因此我擁抱了馬帝歐。由於我還在霍桑高中時，從不曾擁抱過學生，因此他一開始有些驚訝，後來身體跟著放鬆，我們笑了起來。接下來好幾週，我不時想著那一刻，也想到自己生命中曾受過多少人幫助，卻從來沒表示過任何感謝？我的人生道路有好幾個轉折點，遇到許多人和各種機會，因而能離開南太浩湖，進入大學就讀。

當我還是高中生的時候，夏末某一天，老師敲了我的家門。我本來預計四天後就要離家，到遠在五百英里之外的大學讀書；在這之前，我只看過那間大學的照片，不曾親身造訪。

老師跟我說：「黛安，把你的東西收好。你需要在今晚就離開。」我試著跟她爭辯，但她只是溫和的按住我的肩膀，說：「你今晚就要離開。你要坐進那輛靠著辛苦工作買來的車子裡，帶著努力存下來的兩百五十四美元，開車遠離這座城市。」

那一年，我的老師失去了兩名學生——一個自殺，一個因酒駕車禍喪生。因此在某個層面上，我明白她說的話。她再次強調：「你現在就要打包行李離開，因為我不要再有任何學生，喪命於這座城市。」我照著她的話做了。

我生命中還出現過其他貴人，但是我卻從未寫過一張卡片，也沒有打過電話，更不曾在畢業十年後，千里迢迢去找尋他們的下落，只為傳遞「您改變了我的生命軌跡」這訊息。我為什麼不曾這麼做？再次看見馬帝歐的喜悅，讓我幾乎被遺憾和罪惡感淹沒。我不值得馬帝歐如此感激。我沒做什麼特別的事，只是盡自己的職責，就跟我認識的許多老師一樣。

在和馬帝歐重聚的短暫時間裡，我理解了許多重要的事。老師每天做出的微小行為相當關鍵：相信孩子有能力做到的事、願意不計代價幫助孩子看見自己的可能性，都很關鍵。正是因為這些個人聯結，以及看見某個人的本質和期待，使得他們能成為自己、認識自己。很明顯，這些微小行為在馬帝歐身上產生了巨大的改變。

有某個人曾如此支持我，而我曾支持著馬帝歐，現在他即將去支持其他無數的孩子。儘管這種傳承相當美好，但還是不夠。那些懷疑自己的計畫行不通，身後卻沒人幫忙推一把的孩子怎麼辦？那些對未來完全沒有計畫的孩子怎麼辦？

夏季融解

那日差點發生在馬帝歐身上的事，可以用一個詞來形容：夏季融解。從前這詞彙用來描述每一年美國全國的高中畢業生，打算在當年秋天進入四年制大學或當地社區大學讀書，結果卻有四〇%最後不能如願的現象。

成千上百的學生在暑假期間「融解」了上大學的動力，其中的原因可能是錯失重要的註冊截止日期、被經濟援助申請繁雜的文書作業壓垮，或是覺得自己需要工作來養家。如果我們考量到少於七〇%的高中畢業生打算優先讀大學，其中真的如願進入大學的人數中，最後有三〇%

未能升上二年級，就會發現我們的體制很容易快速放棄孩子。一個孩子想要拿到大學學位，就像是在覆滿滑冰的斜坡往上攀爬。

頂峰高中這些年來，有七%的畢業生在暑假期間「融解」了。在我們看來，即使只有一位學生都算太多，因此我們努力想弄明白其中潛在的原因，並找出解決的辦法。我們學校採嚴謹的途徑持續進行改善，並且和學生、畢業生，以及了解這現象和原因的科學家深入討論。

所有的發現引領我們相信，除了成功的習慣、由好奇心驅使學習的知識、全方位技能之外，我們學生還需要另外一個東西，才能真正為未來活出精采圓滿的人生做好準備。

他們需要**具體的下一步**。

接下來要做什麼？建立下一步

我們國家裡的每個人都可以計劃上大學讀書。美國社區大學的制度，允許每個人不用任何入學條件，都能到當地機構讀書。然而，計劃上大學讀書和真的動手準備申請大學的手續過程之間，仍有很大的差異。關於這點，可以從學生大學畢業率極低的比率（約二五%）看出來。

過去十幾二十年來，規劃上大學成為美國各地高中和家庭的主要活動。數據顯示，大學畢業生一生的收入比起高中畢業生一生的收入，平均多出一百萬美元。美國人收到了這樣的訊息：大學是一張通往經濟收入穩定的門票。有專門的產業全心投入「讓高中生獲得大學錄取」這種事上。只要給出適當的價格，家庭可以請專家來幫助孩子應付大學招生考試、論文寫作、申請表填寫和獎學金搜尋。

各種機構組織和科技工具，幫助學生參觀各大學和製作大學名冊；暑期課程和課後活動的設計，是為了讓孩子有表現出色的體驗，並且可以將經歷填在大學申請書上；還有一大堆的指南手冊，教導學生應該怎麼表現。也有產業聚焦在全國排名這回事，每年都有一本又一本的最佳大學名校列表，以你想得到的各種花樣出版：東北部最佳大學、最佳文科大學、最佳科技大學、最佳研究型大學……各種名目真是一長串。

就高中學校而言，學校雇用大學輔導員到各班級演講、保留各大學目錄，有時候付費購買軟體，讓學生可以搜尋大學選項資料。愈來愈多學校要求九年級和十年級生參加PSAT、ACT等大學入學考試的預考，把所有在校時間都花在考大學的準備上。學校還會主辦家長之夜，談論關於大學的事情，也分享準備大學入學考試的過程，以及申請經濟援助等資訊，甚至是在校園內懸掛大學的三角旗。

所有這些努力產生的結果，是今日有九〇%的九年級生說自己打算上大學。當我們詢問為什麼時，學生多半會說：「因為我想要當醫生／律師／獸醫。」追問為什麼想要當獸醫，他們可能會說：「因為我喜歡動物。」或是其他較籠統、模糊的答案。接下來，大人通常會問：「你想到哪裡讀書呢？」學生的回答會夾帶著地理位置的敘述，像是說：「我想要去紐約／波士頓／堪薩斯市。」或是：「我想要到離家裡近的地方。」

如果一個人鍥而不捨，追問學生想讀哪間學校及為什麼，答案通常不外乎以下四種：

1. 有親戚以前在那裡讀書。
2. 我是那間大學校隊的粉絲。
3. 那是一間很棒的學校，排名都維持在頂尖學校排行榜上。
4. 那裡的校園很美。

不意外，這四種答案都顯示出一定的熟悉度。學生在某些方面已經知道這間學校。我們不太可能會到自己一無所知的學校就讀，這一點也不奇怪，但我們能做的選擇其實有限，尤其是想到自己需要投資一大筆錢進去的情況下。

一個孩子讀完四年大學得到學位的費用，平均來說是四萬美元。有七〇%的學生為了畢業而負債。他們也把成年期第一個四至六年花在大學校園裡，住在這個自己選擇的社區裡，並服膺其價值觀。但我經常發現，孩子在買第一輛車子之前，花在相關研究和了解具體細節資訊的時間，比花在選擇大學（首次練習當一名成人的地方）的時間還多。

或許關於四年制大學的局限思考，源於許多孩子「自認沒有多少選擇」的事實。每一年的數據，似乎都在說明一個讓美國學生氣餒的事：要進入大學是多麼、多麼的困難。所有科目都得A的學生、明星球員學生和領導者（例如社團團長），錄取全國最佳大學的比例逐年降低，只占多數頂尖大學的個位數字。如果連這些完美的孩子都進不了大學，平凡的學生又要如何競爭？這結果實在令人膽寒。現在多數的學生和家長，把選擇大學的過程限縮到只問一句：「哪間學校會錄取我？」而真正的問題原本應該是：「我應該選哪間學校？」

在頂峰高中，我們的目標是要讓每個學生都被錄取，完成註冊，**獲得最好的經驗，朝著精采圓滿的生活前進**。對多數學生來說，這目標就是大學；對其他人來說，則是軍旅生涯或工匠學徒之類的課程。我們對於所謂「最好的經驗」有很重要的判斷準則，我們的畢業生選擇的下一步應該是：

- 在自我認識的前提之下，跟設想的成年生活願景一致。
- 讓自己未來的目標明確和實際。
- 是自己在獲得充分資訊的前提下，從各種實際選項中做出的選擇。
- 獲得家人和群體的支持。

即將成年的年輕人，要發展出具體扎實的下一步時，需要深入、明確的知道自己是怎樣的人、重視珍惜什麼事；也需要了解這世界能提供什麼給自己；最重要的是，要明白這兩者之間的交集，才能發現「最適合」的選項，做出對的選擇。

選擇具體的下一步，過程並非是一條直線。若要確實的說，學生會在六種活動之間來回反覆前進（參左圖）。

人們會從嘗試有潛力的不同路徑開始，也就是以**雛形概念**為目標的階段。他們可能從「經驗」，像是在工作上或學校裡的影子實習生，透過和自己有同樣興趣領域且有經驗的人「深度對話」來取經。

在這兩個形式裡，當學生反思自己的經驗時，某些想法、概念的雛形就成形了，他們可以看見並想像自己走在這條人生道路的樣子。就如同馬帝歐想像自己坐在大學教室裡的模樣，學生需要在心裡想像一幅自己在做不同事情的景象；景象顏色愈豐富、元素愈完整，他們就愈能探索這道路帶給自己的感覺，以及這條路有沒有符合其對自我認識和重視價值的標準。當學生開始建立未來道路的選項，最終在這些選項當中做決定時，上述的領悟就非常關鍵和重要了。

我一位好友很喜歡說：「當我們去婚紗店選購婚紗時，有時試穿的第一件婚紗就是最適合的。」儘管這句話很有可能是正確的，但她也說到，我們得要真的試穿兩件、三件、四件甚至五件婚紗之後，才會知道這一點。

打造具體的下一步

非線性的過程

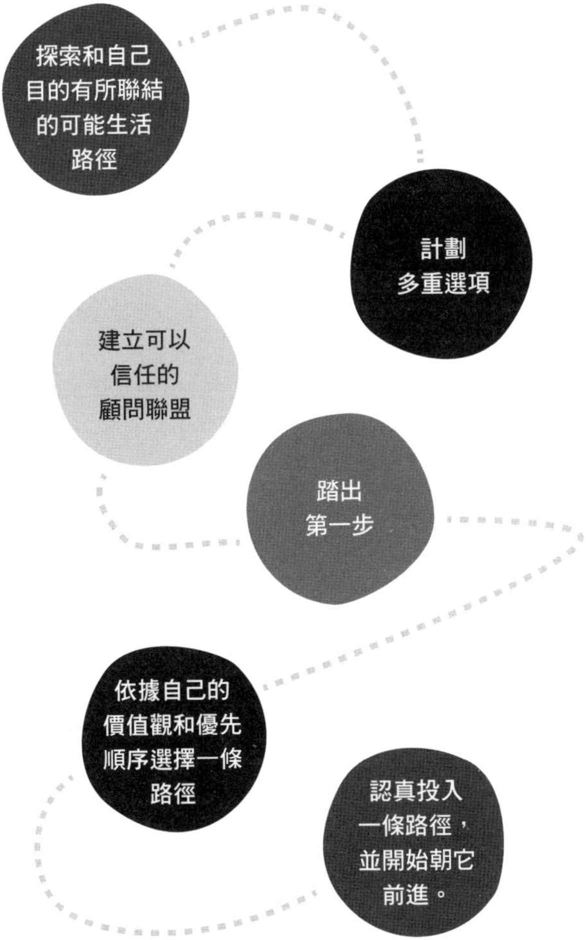

學生很容易喜歡上自己的第一個雛形經驗，立即緊抓不放。他們面對各種問題、壓力的轟擊，想了解自己「長大之後想做什麼」，也難怪他們會尋求一個自己能給別人的答案。這樣做的不利之處在於，最開始的承諾有可能讓他們不再繼續找尋、探索。這麼一來，他們最終留給自己的，就是受限的選項。

孩子**計劃多重選項**是很關鍵的一步，就算是在不太理想的情況下，也應該這麼做。在頂峰高中，我們要求高年級生規劃出至少三種計畫，得到學位、文憑，或是想要追求的經驗和機會，以及這些機會如何支持他們的技能和興趣。學生詳細記錄了採取下一步的過程、時間表、費用，並說明某個選擇為何適合自己。

我和瑞特最近就談到這方面的話題，他抱怨學校要求他寫出人生路徑的替代計畫：「我不明白，為什麼我不能先試試自己的第一個選擇？如果不成功，再制定新計畫就好了呀！」我們花了一些時間談各計畫的時間點，以及「等待」可能如何讓人損失機會。

更重要的是，當瑞特分享先前已在計劃的東西時，探索第二個計畫的價值，對我們來說就相當明顯了。

他想要在上大學之前，花一年到海外工作，在旅行中探索自己的興趣。我告訴他：「我對你又多認識了一些耶！以前沒聽過你這麼解釋。這想法挺有趣的。既然我現在明白了，我會支持你去探索的。」

設想多重計畫的關鍵點之一，是讓學生跟家人、朋友、支持網絡談他們的想法，好建立自己**信任的顧問聯盟**。他們可以收到珍貴的回饋、有機會反思，而且會得到眾人支持的機會。

有個學生把護士當做她人生道路中的一個選項（即使那可能不是她的第一選擇），她的朋友聽到之後，說：「哦，我的阿姨是護士。你何不打個電話給她，聽聽她的意見？」在我的經驗裡，有非常多人樂意支持剛成年的年輕人。最大的挑戰在於如何讓孩子弄明白。當孩子有一些計畫，並且跟人分享之後，就會開始和能帶自己進入支持網絡的人產生聯結。

在頂峰高中，每年都有好幾名畢業生知道，自己想要怎樣的人生道路，以及想要做什麼。這些學生很自然不會想浪費時間、金錢去找更多機會，對於多重計畫就顯得非常抗拒。有些這種類型的孩子更是積極，執著的要進入自己選擇的第一大學，其他選項都不在考慮之內。

這些孩子需要的人生道路計畫，就算不比其他人多，至少也該有相同的數量。知道自己有切實可行、符合自我認知與能為世界做出貢獻的B計畫、C計畫，可以降低焦慮感。他們的回報是更了解自我和使命感，這一點比學術能力評估測試的成績，或是收到第一志願大學的錄取（或拒絕）信函來得珍貴。

從完全相反的方向**踏出第一步**也相當有意義。對一些學生來說，拒絕帶來了威脅，使他們不敢再去追求其他自認可以進入的學校。米格爾是頂峰高中第一批畢業生，這想法對他而言肯定相當很真實。

他在學校舉辦的生涯博覽會上，認識了來自「國際電子從業人員聯盟（IBEW）」的招募人員，從而了解到自己想當電氣技師。他看不出在高三這年申請大學有任何意義；相反，他堅持只要向國際電子從業人員聯盟交出申請書就可以了。這件事發生在我們規定學生要制定「踏出具體的下一步」計畫之前。

當時，米格爾的歷史老師凱莉扮演積極介入的角色。她花了好幾個月和米格爾談話，最終成功以「算是幫我一個忙」這樣的理由，請米格爾去申請東灣加利福尼亞州立大學（CSU East Bay）。當他們坐在一起填寫申請表時，米格爾忍不住說這根本是在浪費時間，因為他絕對不可能被大學錄取的。

幾個月後，當米格爾收到錄取通知書的時候，非常納悶這到底是怎麼發生的？不過，他還是忠於自己的雄心壯志，婉拒了大學，努力追求成為電氣技師的夢想。

過了十年，他向我承認，當初其實對凱莉感到非常惱怒：「那時，我對你們一心想讓我申請大學感到非常挫折。我認為自己不會被錄取，整件事會變得相當難堪。我最後還是申請了，並對結果感到非常驚訝。那時我根本無法想像自己能讀大學。但隨著年紀增長，有了自己的孩子後，我回想起這件事，覺得自己可能會喜歡上大學讀書，並且想要學習電氣工程學，我想自己現在也許可以這麼做呢！」

米格爾停頓了一會，接著說：「嗯，我曾經被錄取過，這表示我可以再被錄取一次。就算我沒能讀大學，也會希望自己的孩子讀大學。我知道他們需要做什麼，每一天都會跟他們談這件事。」

米格爾的領悟當中，有著無與倫比的專注和堅定。他當初那種害怕被拒絕的恐懼，在今日的高中裡隨處可見。有多少人的選擇和行為是出於恐懼，以及認為沒有學校會想要自己？想像自己的恐懼，對他們的動機造成弱化的影響。利用一個受過訓練的過程，建立一個包含具體下一步的人生計畫，便是這現象的解藥。

投入真實的經驗、真正的數據，以及真實的自我探索，可以讓孩子改變自己人生下一階段的框架。如此一來，他們會感覺到更多的自主權與掌控，由自己**主導**自己的人生，而不是服從一些冷冰冰機構心血來潮的結果。

我個人很高興見到米格爾申請大學，不過在他婉拒學校的錄取通知時，我認為那是**對的選擇**。他就讀頂峰高中時，曾和好幾個指導老師緊密合作，真正探索了自己想要持續的興趣。他喜歡用雙手做事情，不喜歡坐在書桌後面。每當完成一件任務之後（像是為某人把某個東西改造得更好、修好某樣東西），他喜歡那種自己成就一些事的感覺，也喜歡看見自己努力的成果，能真正被應用在生活中。

米格爾看重辛勤工作的價值。在幾何課中，數學第一次對他產生了意義，因為他可以想像真正的物體。他喜歡安穩、可預期的工作，以及固定的日常作息，讓他可以留些時間給家人和朋友。他想要在灣區一帶生活，也想要買一間房子，他所有家人都在這裡。他想要一個可以帶來穩定經濟收入的職業，幫助他達成以上所有的事情。

之前，米格爾嘗試過好幾個跟建築產業相關的工作，例如鋪設磁磚和園藝造景。他擔心勞動多年會讓身體付出代價，也不喜歡這些行業缺少專業的水準。由於母親過得很清苦，因此米格爾的生活也很拮据。他不想再過苦日子，也無法想像尚未開始工作就負債——如果他去讀大學就勢必如此。米格爾很清楚自己的價值，他已經探索了這世界能供給的，並做了**有所依據的選擇**。

從保加利亞到下一步，以及之後的一步

保加利亞不是我會選擇去旅行的地方，不過我受邀前往參加一項國際教育會議，主題是關於個人化學習。會議發起人非常希望學生能成為這次會議精神的中心，因此在我啟程一個月前，打電話詢問我能否帶一位高年級學生同行，讓他在會議中針對陶德・羅斯（Todd Rose）的著作《終結平庸》（*The End of Average*），發表十分鐘的演說。

我吞了一下口水。雖然我喜歡讓學生成為大人學習的重要部分，但對於要獨自帶一個學生，大老遠去保加利亞一個小村落旅行的後勤安排，著實感到非常不自在。我說出了自己的猶

豫，並假設性的提議：「嗯，我猜我可以帶自己的兒子一起去。他也是頂峰的學生，不過還只是九年級學生。」

他們欣然接受了這提議，我則是突然感到一絲驚慌，畢竟，他們的要求對成年人來說也是沉重的負擔。準備十分鐘的演講，在一群國際觀眾面前發表，這可是一件大事。我絞盡腦汁，說自己不能替瑞特做主，不過仍會詢問他的意見。

晚上，我坐在瑞特的床邊跟他說了整件事，並且看到他的嘴角浮起一抹害羞的微笑。我知道那表情顯然是在說：「我一直在等待這時刻。」然後，我發現自己不停告訴他這工作多麼吃重、多麼困難，以及我時常要出差，無法為他準備演講稿。

我之所以說這些話，就是想打消瑞特的念頭，因為連我自己都感到緊張了。如果瑞特答應了卻做不到，該怎麼辦？如果我們真的到了那裡，瑞特的演說卻很失敗呢？當我把疑慮坦白的說出來時，我擔心自己會出醜的憂慮，多過擔心瑞特會有難堪的經驗。儘管我沒承認，但事實就是如此。

等到我終於停下來時，瑞特對我說：「好。」

「好，但是你有聽到自己要做什麼嗎？」我懷疑的問。

「媽，不要擔心，我沒問題的。我們每天在學校就是做這些事。這就是你建立頂峰高中的理由啊！」我整個人往後重重的一仰。瑞特是對的，我實在錯得離譜。

從許多層面來看，這機會對瑞特是個完美的禮物。不是很多學生會自願接下基本上屬於另一個學校的研究專題，這機會完全符合瑞特的使命感。和頂峰高中一起成長的經驗，讓瑞特對教育抱持真正的興趣和熱情。他對於國際教育的明確熱情遠超過我，這得歸功於他對歷史、地理、時事的無比好奇。

在過去三年裡，瑞特不只培養出自我導引學習的技能，還有對這世界的使命感（這也是我打算發展的）。瑞特小時候，我有幾次硬拉他去大學，聆聽由我擔任主講來賓的演說或招生活動。他喜歡聽這些事，但是更喜愛講述、分享自己的經驗和觀點。這趟保加利亞之行給了他一個機會，把許多具體及個人的興趣結合起來，結果全心全意為演講做足了準備。

瑞特的第一步是開口求助。既然我很快就要出差，他到父親的身旁坐下來，請求父親幫忙定出一個行程表，如此他就能準時完成。接下來，他去請教班級導師，兩人一起確認可以使用學校裡哪些資源。

瑞特把過去三年以來做研究專題和自我導引學習所學到的一切，全都放進演講稿裡，知道自己用什麼方式可以學到最好，等到週末時，他已拿到《終結平庸》的有聲書和紙本書，開始研讀整本書。這是我第一次看到瑞特在學校作業以外的情境，運用在學校所學的技能和成功的習慣。他在家裡善用父親的支持，在學校則尋求朋友圈的幫助。

等到我們出發的前幾天，他利用 Google 文件向我分享了演講內容。

打開文件的當下，我心情緊張得不得了。但一路讀下來，我睜大眼睛，心裡湧上一股安心的感覺。不錯，寫得真不錯。但最具力量的部分是，這文件裡有許許多多的評論。歷史老師和英文老師都有在文件裡寫下了意見，顯然他去找老師幫忙看了稿子。

上面也有好幾個來自同學的意見。瑞特使用身邊的資源，而他們也以無比的誠實、有用的回饋和支持來回應。文件最後有幾句某位朋友的評論：「瑞特，你做得幾乎稱得上完美了。我為你感到驕傲。我知道這是你的目標，你一定會成功的！你代表著我們所有人。」

我和瑞特從一開始為了回家作業不斷爭執，走了好長一段路才來到這裡。整個過程很不可思議，但真有那麼不可思議嗎？我想到自己在教書時，總是把雅各布・里斯（Jacob Riis）的名言放在書桌上：

當一切事情看起來似乎無望的時候，我會到石匠那裡看著他工作，他大概已經鍾打那石頭有一百次了吧！不過石頭卻看不出任何裂縫。但當他敲擊第一百零一次的時候，石頭裂成兩半。我知道讓石頭裂開的，不是最後那一擊，而是前面一百次錘打所累積的結果。

這名言幫助我記得「學習是一個過程」，而在許多難過的日子裡，我特別需要這提醒來支撐自己。我們小時候在面對許多情況時，大概都會想都不想的就大聲喊出「媽媽」這個字尋求幫助

——至少有五百次吧。直到我們自己的孩子在遇上狀況時，也對我們如此喊，要我們幫忙。但等到孩子上了高中，我們卻覺得某些事只需要教孩子一次，他們就能理解。

當瑞特首次接觸到「自我導引學習循環」這概念時，並不太明白，聽了第二次和第三次後，還是不怎麼懂。事實上，他有三年以上的時間，每一天都在練習這個技能。直到此刻，我仍不確定他明不明白。他在學習其他的習慣時，同樣應用了這次的經驗。他在五年級和六年級的時候，我有好幾次懷疑他到底能否寫出一個完整的段落。但經過一個又一個研究專題，在持續且一致的練習和回饋下，他的技能隨著時間成長和進步。

如今，在這一個非常符合瑞特興趣和動力的場合裡，他能應用這一切的技能和習慣。但如果他之前是在運動教練會議上談足球，結果就不會一樣了。他對足球或高中運動沒有興趣，這也與他個人的使命感沒有關聯，因此就不會在這項任務上成功。如果我們把瑞特擺在這個位置上，他就會展現出非常不一樣的小孩面貌。

瑞特在保加利亞的演說經驗既成功又圓滿。他異常用功，運用所有知道的技能，善用一切的資源和支持，在國外對著一百多名成年人，以客觀的方式傳達一個研究透徹、文筆流暢，以及說服力十足的演說。毫無疑問，他達成了某些事。這項成就之所以能成功和圓滿，是因為和他的使命感一致。我從瑞特身上清楚看見，我們不需要為自己的孩子選擇成功或圓滿。他們可以同時擁有這些東西。事實上，通往成功的最好方法就是尋求圓滿。

再過幾個月，瑞特就要升上高四了。我心裡已為他要整理行李、離家繼續下一個歷險的那一天感到心痛。我想像狗狗娜亞會和我一起坐在瑞特的床上生悶氣，並看著窗外期待著他回家。同時我也無法忽視，自己對兒子的未來感到無比興奮和期待。他對自我的認識、建立起來的技能和習慣，以及可能如何在他人生道路素描上匯集等，都非常令人鼓舞。

我知道瑞特非常想要展現出自己的能耐，以及他私底下是如何想像、描繪著自己未來的夢想。我也盡了自己最大的努力，讓瑞特明白母親注意到他這些想法。我並不是只有一個人，他的父親、導師及其他一些人，已經形成「廚房顧問內閣」之類的支持小組。如同認識、關心瑞特的人承諾會支持他，我們在關鍵的過渡期團結起來，利用我們的經驗和洞察力，確保他能忠於自我，並堅實踏出最適合自己的下一步。

再沒多久，我將陪著瑞特走在畢業生行進隊伍當中；這一次，身為母親的我知道，她的兒子已經準備好走向未來。

終曲

奧斯卡的母親連續第三天打電話來，說：「他還是待在房間裡。把門鎖起來，拒絕出來，也不願意去上學。」

我深深嘆了口氣，停頓一會後才說：「我十分鐘後到那裡。」我抓起鑰匙和錢包就要出門的時候，來到放維修工具的櫃子前，拿出一把螺絲起子。

奧斯卡家的前門是打開的。他母親坐在沙發邊緣，整個頭埋進雙手裡。我在她對面坐下來，她抬起頭看著我。我看得出來這位母親之前哭過了，她的眼睛又紅又腫，臉上的表情說明已無計可施，完全被兒子弄到很洩氣，同時也很害怕。

我有滿腹的疑問：他不用吃東西嗎？不必上廁所？母親沒有房間鑰匙嗎？一個十五歲的男孩，怎麼可能把自己鎖在房間三天三夜？但當我看著奧斯卡的母親時，把這些疑問全拋開了。

「**這些沒有幫助**。」我想著。「**她已經做了所有她能做的事**。」

我認得出那種感受。在頂峰高中成立的前幾年，亞當、凱莉和我曾經歷過類似的事，所有學校同事也都經歷過。當你和青少年一起努力，陪他們長大成人時，在某幾個階段，會感覺那根本是不可能的任務。有時你就是完全沒有辦法，或是失去了耐心。在那些情況中，我們明白「換人」的時候到了——需要一個清新、能用不同角度看事情的人進來。

「奧斯卡的房間在哪裡？」我問。

她指著右手邊的一扇門。我從袋裡拿出螺絲起子，站在門的正前方。奧斯卡的母親嚇了一跳，說：「你要做什麼？」

我希望房間裡的奧斯卡能聽見，於是大聲回答：「我要把門的鉸鏈鬆開。奧斯卡需要去上學。我知道他感覺自己的課業陷入困境、落後。我們可以跟他一起解決這問題，但是，如果他把自己鎖在房間裡，就不可能做到這件事了。」

奧斯卡的母親看起來像是嚇到了，問：「你真的覺得會成功？」

「沒錯，會成功的！」我的回答帶著明顯的惱怒，「要打開上鎖的門有很多方法，把鉸鏈拿下來絕對沒問題。沒有他，我是不會離開這裡的。」

這時候，房門「咔」的一聲打開了，我發現自己和奧斯卡面對面。他臉上帶著好奇和驚訝的看著我，我給他一個堅定的表情，說：「你有五分鐘去穿好衣服。」他緩緩的點頭，然後急忙去拿衣服。

在我們離學校還有幾個街區時，奧斯卡打破車子裡的沉默，說：「你真的會鬆開我房門的鉸鏈嗎？」

我想都沒想就回答：「奧斯卡，我會用任何辦法開門，不計代價。我可沒打算放棄你。」他注視我大約一分鐘，然後轉頭看窗外。在車子停進停車場的時候，他說：「我相信你。」

不計代價（Whatever It Takes，簡稱WIT），你會在頂峰高中會議上的筆記裡，看到這句話或字母縮寫，以及張貼在影印間裡的字樣；你也會在老師和學生討論的時候，聽到這幾個字。「不計代價」出現在我們告訴自己和彼此的故事裡，這不只是一句話，更是我們的文化。它是驅動我們做出各種決定的心態，是讓我們處理工作及一年又一年前進的動力。就跟我們在頂峰高中做的每件事一樣，「不計代價」也隨著時間進化。

「不計代價」不表示我們會**為**孩子做每一件事。

這不表示我們接受事情的處理方法，然後工作得更晚、更加賣力，試著克服它。

這不表示當我們陷入困境時，就會降低標準或放棄。

為了真正實踐不計代價，我們找到了一個方法。我們相信總有方法去打開一扇上鎖的門。

沒多久，螺絲起子的故事便傳遍了校園，不知不覺間我有了個新綽號：「塔文納終結者」，而阿諾史瓦辛格是當時的加州州長。多數人都是低聲說著我的綽號，但凱莉卻喜歡在公開場合中喊我「塔文納終結者」，而且每次都會咯咯笑，搖著頭、舉起拳頭，彷彿手裡抓著一把螺絲起子。對此，我會面帶笑容回應；同時也微微感到反胃。雖然我不想成為「塔文納終結者」，卻也不害怕這個角色。幸運的是我不孤單。我在全國各地遇過其他的「塔文納終結者」，他們是老師、校長、家長，甚至是不接受那扇門被鎖上的學生，以及許多被擋在門外的孩子。他們都跟我有同樣的決心，想要打開那扇門。

二〇一五年秋天，我們啟動了「頂峰學習計畫」，免費和其他公立學校分享課程規畫、專業發展、訓練和科技，讓他們也能夠在真實世界中，朝著研究專題為本學習法、自我導引學習和反思的導師制度等方向前進。我的朋友茱莉之前問我：「黛安，我應該怎麼做？我沒辦法跟你一樣，去成立一間學校啊！」這問題時，臉上懊惱的神情不時浮現我的腦海；在那時，我們已成立了十九間學校，學校風格跟她兒子上學讀書的學校截然不同。

我們和想法相同的老師合作，大夥是在彼此參訪和參加會議時結識的。即使如此，那一年的風波仍然不斷。對任何學校而言，改變都是很困難的，而這些學校跟頂峰高中真的大不相同。我們以前從來沒跟傳統都市大學校合作過，也沒協助過只有一間教室的偏遠學校，所以得修改教學法，以符合他們社區的需要和價值。

我們每個人都願意「不計代價」去嘗試，等到該年年底，我們大夥已經學到了很多事，可以為所有孩子達到真正的進步，同時也吸引超過一百間學校的注意，都想加入我們的行列。

我們不能說「不」，因此開始了第二年的積極合作和學習，並且獲得長足的進步。如今我們跟遍及二十七州的學校，以及更多不同的學校環境合作，還是有很多要弄清楚的地方。但是有些東西奏效了，因為隔年有超過三百間學校，希望與我們積極合作。

當我們開始時，每位加入「頂峰學習計畫」的老師，都很融入我們在加州的任何一間學校，參與暑期專業發展訓練營。到了二〇一七年，來自四十個州、超過三千名的老師，聚集於全國十三間不同的體育館。我試著盡可能到每座城市和城鎮去，想參訪教室、認識學生及老師、和校長談談，然後與他們吃頓飯。

我在各州各鎮的發現相當振奮人心。參與「頂峰學習計畫」的人想知道一切對孩子最好的東西，他們渴望各種資源、材料及訓練，幫助他們創造以真實生活、自我導引學習、反思、積極合作為根基的學習經驗與學校。不計其數的老師描述他們有多認識自己的學生，一直以來也以自知最好的方式，努力去教導學生。事實上，有些老師選擇延後退休，繼續在「頂峰學習計畫」教學，他們都說：「要做的事非常多，但是很值得。」

我跟這些人一起吃晚餐（少數情況下還一起吃早餐及午餐），也在許多城市（例如波士頓、休士頓、洛杉磯、紐奧良、西雅圖、芝加哥、奧蘭多、底特律、紐約、華盛頓特區、丹佛和舊金山等）和其他人聚餐。

我還跟許多來自小城鎮的人們一起吃飯，包括阿肯色、堪薩斯、密蘇里、奧克拉荷馬、猶他、新墨西哥，以及其他州。沒什麼比食物更能把人串聯起來。每一次，我都會請這些人描述，當他們誠心幫助孩子準備好迎向圓滿的人生時，孩子的學習情況如何。

沒有例外，他們看到的景象都很一致：孩子非常投入，表現出高度的興趣。這些學生是真正的有所作為，解決真正的問題。他們同心努力；他們得以認識自己和彼此；他們的動力由好奇心開始。

老師們以鼓舞、賦權和可持續的方式，訓練、引領、指導和簡化學習的過程。當然，孩子們仍要學習閱讀和做數學習題，但這些都只是起步而已。學生看見了學習的價值，大人以對孩子有效的方式來處理學習的過程。當學習不再受限於「整天待在學校大樓的教室內」時，很多美好的事情就會發生。這些事情全天二十四小時發生在家庭、社區和學校中。因為大家都想要同樣的東西——讓孩子成長為自給、快樂、對社會有貢獻的成人。因此，我們在孩子為這種生活做準備的過程中，都扮演了一個角色。

我和來自各種族、性別和政治團體的人共處一室。有些人搭私人噴射機前來，有些人坐市區巴士過來；有些人曾管理過大型聯盟、大學和公司行號，其他人則只待過一個工作。這些人的身分包括母親、父親、奶奶、阿姨、姊妹、兄弟，所有人有兩個共通點：一，每個人都有關於自己如何達到現在成就的故事；二，他們都能為自己鍾愛的孩子，做出更好的設想。

這讓我不禁懷疑，二〇一八年的蓋洛普年度報告，提到美國人對教育感受的標題是：「每十位家長中，有七位對自己孩子的教育感到滿意。」怎麼可能會是如此呢？難道和我談話的人，都是那三〇%不快樂的家長？七〇%的家長真的感到滿意？這應該也很不可能，因為根據同樣的調查研究，只有四三%的美國人對國家十二年教育的品質感到滿意。

至少在我們的報告中，把個人經驗和對教育的整體印象區隔開來。我相信根本的說法是我們在「將就」。但是為何要如此呢？若牽涉到孩子的未來，為什麼有人願意將就呢？突然，我想起了奧斯卡的母親，以及她臉上的表情。她實在是看不到任何出路，並且覺得孤單、沒有選擇，不知道該怎麼辦。幾天之後，她會坦言，知道到了某個程度，奧斯卡也勢必會離開房間，事情將逐漸回歸正常，他也會沒事的。

當我和許多父母談論他們孩子的教育時，最常聽到的詞彙便是「沒事」。當家長明確說出一項憂慮或指出一個問題後，又常會加上一句：「他／她會沒事的。」這感覺起來就是不對勁。在某些情況裡，比起極端的憂慮（吸毒、霸凌、憂鬱、失敗），其他擔憂看起來似乎較輕微（無聊、壓力、學業些微退步），家長通常對此覺得「沒事」，接著說出這一句話：「生活就是這樣，孩子需要學著如何處理。我曾遇過挑戰，並且撐了過來。我現在也沒事啊！」

如果把期望從「沒事」再升高一些呢？如果「滿意」不只表示孩子會沒事，更表示他很傑出、很快樂呢？我所談的，不是小孩拿到一顆糖、一個很想要的玩具那種膚淺的快樂。如果「傑出」表示他們很滿足呢？如果他們全心投入充滿使命感的工作、社群，以及有意義的關係呢？

在整體繪製出一幅「學習」可以也應該有的願景後，我跟全國不同的人吃晚餐時，就會提出我的魔杖問題：「我們已經揮了魔杖，繪製出這種學習可以有的面貌，對**所有**孩子來說是確實可行的。我們成功了！我們的國家看起來如何？我們的世界看起來如何？」

這通常要花一些時間，才能讓對話繼續，因為人們需要時間思考。有時候，第一個人說的話帶些猶豫，需要再多幾個人加入，才能得出這世界（如果每個孩子都有機會接受本書運用的教學法；如果每個孩子成年時已準備好過圓滿的生活）會出現的樣貌。

「那是個我會想要居住的世界。」

「那世界不會有貧窮。人們不會挨餓，也不會流落街頭。」

「我們會一起努力，解決我們國家和地球面臨最大的挑戰。」

「人們會覺得自己更有能力，能夠掌握生活，投入社群，知道自己可以帶來改變。」

「我們可以和來自不同背景的人、有不同意見的人一起說話、工作。人們會接納自我，並珍惜每個人擁有的獨特性。」

「人們會很快樂，喜歡自己做的事。他們會從事有意義的工作，賺到足夠的錢，擺脫壓力的煩惱。」

這些對話通常會帶來討論的能量，等到某人說出相當有膽識的話（例如不再有戰爭、不會有任何孩子死於校園槍戰），整個氣氛也愈來愈熱烈。

接著，大家會暫時安靜一會兒，沉浸在希望和樂觀之中。然後無可避免的，現實開始進入心底。我們以為自己是誰？坐在桌旁想像自己能帶來世界和平？我得承認，提到「世界和平」這幾個字，就連我也會感到一絲膽怯。但是，我很快就會記起這些對話的起點。

這些對話是跟孩子有關；跟真實世界、自我導引學習、反思、共同學習有關；跟大人相信自己能幫助所有孩子做到（比基本的閱讀和寫作更好）的地步有關；跟我們擁抱自己基本的承諾有關——每個人都有權利生存、獲得自由、追求幸福美好的生活與圓滿的人生。此刻，對很多人來說，這扇通往圓滿人生的門已經鎖上了。但是我要說，讓我們用手裡的螺絲起子，把鉸鏈鬆開來吧！

現在該做什麼？把「準備好」帶入家庭的捷徑

我知道事情不對勁。當我和米拉一起旅行的時候，我們通常在登上飛機後，各自找位置坐下來。我們很常出差，因此兩人都很希望，能利用在飛機上的時間趕一點工作，有時甚至是小睡幾個小時，等飛機落地後再繼續往前衝刺。但是今天，米拉特地把我們的位置排在一起，我看出她想要說些話。

米拉在八年前加入頂峰高中，過去幾年來隨著「頂峰學習計畫」開始成長，我們和全國其他夥伴緊密合作。我們兩人都是母親，但是各自的孩子在非常不同的年齡階段。她兩個兒子一個一歲，另一個五歲，目前思考的是讓大兒子開始上幼兒園；我則是陪瑞特去參觀各間大學。我們現階段似乎沒有太多的共同點，所以彼此不常聊教養的事。但是今天不一樣，米拉需要找人談一談。

飛機還沒起飛，米拉就開始說話了。她說自己對育兒教養的期望，似乎在一夜之間改變了。各種相互衝突的建議的雜音愈來愈吵雜，感覺所有規則都變了，卻沒有人給她「如何養育出快樂成功的人」的指引。她沒有給大兒子安排任何週間與週末活動，應該要讓他參加足球隊、游泳課、武術課嗎？美術課怎麼樣？也許這會引起小孩早期的興趣和好奇心。

她和先生每晚一定會唸故事給孩子聽。目前老大還不認識字母，顯然不像她所見其他幼兒園孩子或朋友的孩子，能夠完美背誦二十六個字母；他可以從一數到十，但是數到十三以後，似乎就會開始困惑。

她有許多「學前增益」書籍可以讓兒子看，但是沒有精力逼他坐下來專心，尤其是親子夾在學校、工作、出差和年幼的老二之間，彼此相處的時間已非常有限。老大個性敏感而害羞，感覺還特別有活力，因此很難集中精神在一件事上。他要怎麼適應幼兒園生活呢？老師們會花時間認識他嗎？如果會，他們真的能懂他嗎？

和親近的朋友及家人（其中許多人是老師或退休老師）談心、講電話、傳簡訊，肯定都會提供安慰。但米拉透露，她並沒有完全坦承，告訴他們讓自己很煩惱的所有事。儘管她不總是有意這麼做，但對於教養孩子，大家總會有一些自己的評論，而且有時也相當有針對性。

米拉很盡責的研究並明白頂峰高中十六個通往成功的習慣（畢竟，這屬於她工作的一部分），這些習慣在她心頭不斷翻湧。她遵照所有最好的研究結果，想讓自己兩個孩子有成功的人生，她推斷，孩子最終仍需要在有壓力的情況下，學會冷靜和心平氣和；他們需要能夠引導和維持自己的重心和情緒；明白自己對其他人的影響力；建立堅強的人際關係；做事有組織條理；對自己有信心；擁有歸屬感；知道自己在學的東西，和生活之間的關聯性；可以從挑戰中恢復；需要自主做決定；設定目標；保持好奇心。以上這些只是成功的習慣而已唷！還有那些全方位技能呢？她背誦著一長串清單時，洩氣得整個肩膀垮了下來。

誰要負責教會孩子這些東西？她應該在什麼時候開始？她應該要如何開始？她在家時應該要做什麼？如果真要期待，她應該讓學校教會孩子哪些事？

米拉就這樣滔滔不絕講了一個多小時。我專注聆聽著，想起自己以前教養瑞特時，也糾結於和米拉一樣的問題，感到內疚和擔憂的痛苦。她深吸了一口氣，再長長吐息，說：「說到底，我只想要他們快樂，能當個好人。身邊圍繞著不同的人，都可以跟他們學習。知道自己是誰，關心什麼，有技能和機會去追求夢想。再者，若說頂峰高中教會了我什麼，就是不希望我想要的這些東西，會犧牲另一個小孩或另一個家庭。但是兩者之間似乎是有衝突的。」

「而且，我在這裡。」她評論道。「我受過良好的教育、收入穩定、有舒適的家、知道很多關於教育的事。你是我整趟飛行中唯一的聽眾，然而我還是不知道，自己現在可以為孩子做些什麼？如果連我都有這種感覺，大多數的父母會怎麼想？」

感覺上，我之前跟好友茱莉的對話又回來了。我們在全國各地極不同的社區聽到父母的心聲，與米拉沒有任何不同。他們對孩子有共同的憂慮——「準備狀態」。我們要怎麼知道孩子為自己的人生準備好了？那看起來會是什麼模樣？還有，父母應該要做什麼？

一個說得容易做得難的建議是：當個倡導者。克里斯．布哈和成立「社區高中基金會」的家長網絡四處尋找著，想為他們的孩子與社區找到更好的選項，並且因此聯合起來，如此強烈的要求著。關於孩子真正需要什麼，從而引發的各種想法大震盪，得從「倡導」開始，而倡導從每次的每個對話開始。

我和米拉看著彼此，深知這答案有多麼讓人不滿意。米拉是為全國孩子發聲的倡導者，也會是為自己孩子發聲的堅強倡導者；但是，她也想要某個立即可得的東西。她想要支持和慰藉，想要一個智囊團來給自己建議，因為她沒有足夠的時間，讀遍所有最新的教養書。她大多數關於教養的建議，來自跟自己一樣有年幼小孩的朋友，但這些建議同樣可能充滿問題。

隨著時間流逝，我們做了在學校一向做的事：開始詢問「為什麼」。為什麼米拉需要這些？為什麼她覺得如此孤立無援？為什麼她擁有的所有支持，竟讓她感覺離心中理想的母親還很遙遠？當我們踏出機艙門的時候，我們承諾要找出一個方法來支持**所有**父母。我們知道讀書是一回事，但本書要對你和你的家人產生作用，又是截然不同的一回事。

這也就是 preparedforsuccess.org 網站成立的緣由。該網站致力於支持所有的父母，讓他們幫助孩子準備好面對畢業後的世界。父母可以利用這網站，把真實世界的學習帶入日常生活中，幫助任何年齡的孩子發展自我導引學習、積極合作、反思等技能。不想當虎爸虎媽、直升機家長、鏟雪機家長或放生家長的人，可以把這網站當成資源。這裡是個社群，指引家長幫助孩子做好準備、迎接未來圓滿生活。養育孩子是一段旅程，我們希望preparedforsuccess.org可以幫助你們，在這段路上走得更順利。

我們採用了跟頂峰高中同樣的教學法，從精密的科學研究開始。不過身為職業母親，我們把這方法跟多數父母面臨的現實限制相互結合。就跟頂峰高中一樣，我們需要以耐心看待這模型，隨著得到愈來愈好的資訊，這模型也會持續進化。也因此，我們網站是尋求最新教養想法和具體建議的最佳地方。

不過，在寫這本書的時候，我們也撰寫了一整套的活動，讓你可以開始運用到自己的家庭生活之中。這些活動節錄自本書的所有內容，因此你隨時可以輕鬆查閱相關章節，以此來獲得更多的資訊。

以真實世界和研究專題為本的學習

尋找讓小孩發表意見和參與的機會

很多父母覺得自己有責任去監督、改正孩子的回家作業，事實上，他們的角色在孩子的學習上可以發揮更大的作用。孩子可以承擔像是繪製從家裡到學校的交通選項地圖、幫忙想出如何處理車子發出怪聲的計畫，或是研究哪個清潔產品對孩子和寵物最健康和安全。

我們通常不會鼓勵孩子參與這類的活動，部分原因是因為，「不去做」相對來說更安全和快速，某部分原因則是我們認為孩子不在乎。但請記住學生詹姆士在練習關於休耕補貼的演講時，曾對我說的話：「我們年輕，不表示我們不在乎任何事。」

自我導引學習

讓自我導引學習循環，成為日常生活的一部分

就算你孩子的學校沒有教自我導引學習循環，你也沒有理由認為自己就沒辦法教導孩子和支持這習慣：他們可以設定一個目標、定出計畫、執行計畫，把自己知道的展現出來，最後再進行反思。

這個學習循環可以用在孩子想要追求的任何事上，從一週煮一次晚餐，到為家人規劃下個週末要進行的活動等。

教孩子自我導引學習，需要知道的五個威力行為

自我導引學習循環是很好的引導，下面五項行為可以讓它威力更加強大：

1. 轉換策略
2. 尋找挑戰
3. 堅持不懈
4. 回應挫折
5. 尋求助力

你可能也希望教導孩子這些想法，若能有一個共同的語言和框架來放入這些行為，將會很有幫助。當你從孩子身上看出這些行為時，可以指出來，並鼓勵他們在別人身上看見同樣的行為時，也能夠指出來。

強調有效設定目標的重要性

愈早和孩子開始這行為愈好。每個孩子都有能力設定目標，而且在長大入學和成年後，這對他們來說也是無價的學習過程。讓孩子清楚所謂的「SMART目標管理原則」，亦即設定明確、可衡量、可實現、實際、有時限的目標。

設定的目標應該要對孩子很重要，如此，他們才會從內心發出動力，而不只是表面。他們的目標可以是宏偉的抱負（而且在實踐上確實可行），但他們也應該設定小一些、簡單一些的目標，尤其是在年紀還小的時候。你能幫助孩子的，是跟他們談如何達到這些目標的計畫，甚至找出潛在的阻礙。定期跟他們確認計畫的進度，適時伸出援手。

你自己也該模擬實際的目標設定。當你設定一個目標時，用言語表達它為什麼符合SMART目標管理原則。之後，請孩子也跟著你這麼做做看。

記住，技能發展不是康莊大道

失敗是過程的一部分，不必因此而洩氣。記住前面石匠的名言，有時候你需要一些時間，才會看見自己的努力出現效果。

當一切事情看起來似乎無望的時候，我會到石匠那裡看著他工作，他大概已經錘打那石頭有一百次了吧！不過石頭卻看不出任何裂縫。但當他敲擊第一百零一次的時候，石頭裂成兩半。我知道讓石頭裂開的，不是最後那一擊，而是前面一百次錘打所累積的結果。

在你自認需要被孩子需要時，要有所警覺

讓這不自在的感覺流過去。慢慢放手是幫助孩子做好準備過程中的一部分。父母要樂意讓自己以不同的方式被需要。

透過指導進行反思

指導不是引導

像我在瑞特開始學做菜時，必須學著不要介入接管一切。往後退一步，給孩子回饋和導引，而不是直接給答案。詢問孩子問題，以此幫助他們反思自己想要什麼、自己是誰、自己在意什麼、自己感覺如何，以及最終的一步：自己因此該做什麼。這不在於你告訴孩子去做什麼，而在於他們做出屬於自己的選擇。

專注於「持續的興趣」

與其問孩子「想要成為什麼」，不如問能找出他們「潛在興趣」的問題。問孩子類似這樣的問題：「你喜歡做什麼？」「你最喜歡這件事的哪個部分？」幫助孩子理解自己喜歡創造、說話、表演或解決問題，「持續的興趣」能使他們在更了解自己的路上走得長遠。

問正確的問題

當小孩無可避免碰到人際上的衝突時，可以藉此進行機會教育，教導他們需要的技能來處理衝突、修補關係、積極合作和反思。

長期以來，頂峰高中的導師會對學生使用一組開放式問題，而這應用於育兒教養也很有助益。以下這些問題，通常導向深思過後的答案：

- 你想從這個情況中得到什麼結果？
- 你現在有什麼感受？
- 你現在表現出的是哪一種行為？
- 哪些行為有效果，或是哪些行為沒有效果？為什麼？
- 如果把自己放到其他人的立場上，你覺得他們有什麼觀點？
- 你覺得自己可以扮演什麼角色，才能達到你想要的結果？
- 你還需要做什麼事把人際關係變好？

在和孩子談話時可加入這些問題，或是用紙筆作答方式和孩子溝通也無妨。不管是父母、導師或老師，能表現對孩子的支持和指導，就能帶來成長。

積極合作

教導達成共識的原則

我們在頂峰高中裡，主要使用兩個了不起的工具，它們分別是「決策矩陣」和「情況目標提案理論」。

有了決策矩陣，你可以解釋自己的目標是要達成共識，但是某些決定最終還是落到你身上，或是由你來否決（請參考下一頁的矩陣範例）。

這個矩陣在家庭裡也有莫大的潛能，可以處理該看哪一部電影、合理的宵禁時間是幾點等家庭事務。

當家人之間陷入了僵局時，可以利用「情況目標提案理論」，練習把一個難題轉換成一個問題。接著，透過彼此不帶任何評斷的清楚溝通來確認情況，解釋每個人各自的感受。

再來是設定目標——一旦達成解決之道，這個步驟就完成了。最後，如果決策矩陣都沒問題了，就可以開始發展如何抵達「解決之道」的提案。

決策矩陣範例

這個表格能清楚記錄在一連串決定中，誰扮演了哪些角色。

	利害關係人 #1	利害關係人 #2	利害關係人 #3	利害關係人 #4
決定 A	角色	角色	角色	角色
決定 B	角色	角色	角色	角色

【角色說明】

D ／決定者：做出決定的某個人（或某些人）

P ／提議者：參與建立此提案的某個人（或某些人）

I ／意見者：針對此提案給予意見的某個人（或某些人）

V／否決者：可以否決該決定的某個人（或某些人）

MBI ／務必被告知者：一定要被告知此決定的某個人（或某些人）

成功的習慣

提出「為什麼」，接著再問一次「為什麼」

如果你和孩子起了衝突（例如就寢時間、寫回家作業等），請用好奇心去處理。就我自己的例子來說，當瑞特就是不想做功課時，我會提出「為什麼」，到最後我不僅知道瑞特大腦運作的方式，也知道他其實是被要求做哪些事情。

對我們來說，為什麼「某些事要照某些方式來做」非常重要呢？我們太常用「一直都是這樣」做為理由，但當我們再問「為什麼」時，這種理由就沒有什麼邏輯可言。因此，這或許是我們宣導追問的好機會。

好奇心驅使的知識

用體驗、探索和追求，做為豐富各種活動的工具

頂峰高中的老師亞當創造體驗、探索和追求的架構，與專精建立使命感的研究人員一起測試效果。這架構可用於學校和家庭，提供了我所知道最好的指南，幫助你選擇如何花時間跟孩子及家人相處——包括放學後的時間和週末的活動。

我在幫瑞特找尋合適的道場時，發現不是所有活動的設立都很平等。體認到預算和組織上的限制，讓你的小孩到新地方嘗試各種體驗，將會讓他們深入聯結周遭更廣闊的世界，也能學到戶外活動的相關技能。

小孩並不會對每個活動的興趣保持不變，這也沒關係；但如果某件事激起了孩子的好奇心，就幫助他們深入探索，試著獲得比第一次更多的體驗。

再來，如果好奇的火花轉變為興趣，不妨打開門，幫助孩子進一步去追求。此外，應該避免為孩子安排過滿的計畫表，休息的時間則用來體驗、探索和追求新的興趣。就像前面提過布洛迪對雲霄飛車的熱情，父母會極力想讓小孩嘗試各式各樣的活動，而真正的興趣摸索，是幫助孩子了解自己與本身的使命感。

親子一起投入知識獲取

父母不需要一下就全面排斥科技，而應該親子一起在網路上探索。在查詢「為什麼知道某些事是重要的」之際，花些時間建立親子間的聯結。

家長很容易脫口而出：「就乖乖坐下來，把這個學起來。」但是相對的，你應該幫助孩子去看見，為什麼這些事很重要。

具體的下一步

重新架構「搜尋想進入的大學」

當孩子研究某間大學的好壞時，鼓勵他們不只著重於足球隊或熟悉度，而應該了解這間學校是否：

- 在自我認識的前提之下，跟設想的成年生活願景一致。
- 讓自己未來的目標明確和實際。
- 是自己在獲得充分資訊的前提下，從各種實際選項中做出的選擇。
- 獲得家人和群體的支持。

鼓勵思考B計畫

即使孩子可以進入第一志願的學校、追求自己的夢想，還是可以思考、探索其他選項，幫助他們知道未來有更彈性的途徑。

這樣做可以幫助孩子思考，選擇目前更接近自己本性的選項，可能會比選擇僵化、死板的路徑來得更明智。

我們希望 preparedforsuccess.org 上面的活動、工具，可以成為受到信任的資源，幫助你切斷各種雜音，比較容易走過親職教養、學習和就學的路程。那些鼓勵彼此「要對自己為孩子做的選擇與決定有信心」的父母社群，我和米拉都很希望成為你們的一份子。

加入我們，成為「準備好」的父母吧！

致謝

本書的故事和想法，屬於一群致力於代表所有孩子的人，來打造更美好的二十年。我有幸得到這機會，分享對他們故事的看法。我對此無比的感謝，也不免憂心自己的代表性不足。

二〇一八年一月，陶德・羅斯在假期中抽出一星期的時間，教導我如何寫書，我無法想像會有比他更具才幹的老師了。《預備教育的未來》是在他的指導、鼓勵、支持、慷慨和友誼下的成果。書裡有很多想法，是受他和派瑞莎・魯哈尼（Parisa Rouhani）共同創辦的「齊民智庫（Populace）」努力的重要成果影響，他們的人生故事激發了我，他們深刻、直接的洞察力也讓我變成更好的人。兩位齊心真誠的為所有人追求一個更好的世界。

陶德帶給我的眾多禮物之一，是把我介紹給了不起的作家經紀人霍華德・尤恩（Howard Yoon）。在我們認識初期一通電話中，霍華德交給我一項任務：寫出一個不得不寫的困難故事。他說話的語氣完美結合了關心和期望：「我希望你不斷的寫，直到覺得非常困難，卻不會感到難受為止。」在我寫作之路的每一步，他貫徹了自己的諾言，一直陪伴支持。霍華德最讓人羨慕的一個技能，是可以把人群凝聚起來。

他把我介紹給皇冠出版非文學品牌「流傳（Crown Currency）」的媞娜・康絲塔堡（Tina Constable），是很關鍵的一步。從一開始，媞娜就清楚且欣然接受《預備教育的未來》的願景。身為一位母親和女性專業人士，她一直以來就是書中理念的堅定倡導者和擁護者。我讚賞她充滿創造力的願景，也很感激她的領導。

可幸的是，我有媞娜和羅傑・修爾（Roger Scholl）擔任我的編輯團隊。能由羅傑擔任本書的編輯，我知道自己非常幸運。他的專業和同理心，在整個過程中提供穩定和支持的導引，使我這寫書新手不至於在困惑混亂中不知所措。當我把寫好的部分向羅傑分享時，都會屏氣斂息，而每次都能得到他極富洞見的回饋，幫助我學習讓這本書更好。艾琳・里托爾（Erin Little）對我們來說是永遠的支柱，她在整本書迅疾的計畫表中，幫助大家站穩腳步。

在我認識「流傳」充滿才幹和敬業的編輯團隊之前，我結識了珍娜・傅里（Jenna Free）。我自認需要找人合作寫書，而霍華德幫忙找到了最佳人選。我永遠不會忘記和珍娜第一通電話的內容；通話不到幾分鐘，我就知道自己想和珍娜一起做事——我很樂意將這句話不斷提起再提起。這個偶發的直覺，如今證明是發生在我生命裡最好的事情之一。珍娜是極有天賦的作家、技巧嫻熟的專案經理、了不得的編輯、開明的合作者，以及充滿好奇心的學習者。在那些清晨的電話、午夜的編輯作業交談，以及無數個週末裡，珍娜又哄又勸且有耐心的讓本書慢慢成形，一路上我逐漸發現，她是已經為孩子做好這方面準備的母親，也是盡心盡力和忠誠的朋友。

光是擁有一位堅強、聰穎和熱血的女性做我的夥伴，這種福氣幾乎就要讓我感到羞愧了，但不知怎的，我運氣竟好到擁有兩位！

在過去的八年裡，米拉．布朗（Mira Browne）一直是我的夥伴，以及為所有小孩福祉大聲疾呼的堅定倡導者。她是我所見過最堅持不懈與勤奮的其中一人。她十分樂意把自己的洞見、經驗和專業帶入這本書之中，形塑每一頁文字的內容，以及（或許更重要的）把握這機會，去支持父母們往前邁進。能夠與珍娜及米拉一起進行奇妙而和諧的靜修寫作體驗，無疑是我最精采的人生片段。

米拉是頂峰高中大家庭許許多多的成員之一，在這本書的創作過程中，他們全都無私給出自己的經驗。吉米．祖尼葛（Jimmy Zuniga）、札克．米勒（Zack Miller）、強．狄恩（Jon Deane）、麗姿．崔（Lizzie Choi）、瑪俐雅．彭斯（Malia Burns）、奈森．詹姆士（Nathan James）、葉蘭娜．亞祖（Yelenna Arzu），以及頂峰高中學生們在書裡所分享，那些聰明又激勵人心的故事和領悟。當然，更重要的是他們日復一日的努力，使頂峰高中成為今日的面貌。我對這些慷慨的人懷抱無比的敬意。

凱莉．賈西亞和亞當．卡特兩人，鼓勵我把我們的故事說出來。我們一起回憶的那些時間，既開心又卓有成效，我很感激他們在這一路上，願意閱讀書稿並給予評論。過去這十六年來，我很榮幸能和這兩位了不起的教育家暨家長並肩作戰，努力落實我們深信不疑的信念。對我個人及我們產業來說，凱莉和亞當真是不可多得的禮物。若不是因為彼此共同的願景、承諾和建立頂峰高中這大家庭的韌性，我們三人絕不會相遇。

我永遠感謝克里斯．布哈回應我們第一個徵求教師廣告，以及二十年來的服務；也感謝好幾百個家庭加入克里斯的行列，奉獻他們的時間、才幹和珍藏，為頂峰高中注入活力與創意。頂峰高中今日之所以存在，是因為有一群人結合起來，為自己的孩子、其他人的孩子和我們的世界，創造出某些事物。

「你建造起來，人們自然就來了。」這話並不總是成真。如果沒有頂峰高中第一個班級的學生和他們的家人，今天我們就不會有故事可講。對我來說，不會再有另一個學校社群，更能體現我們的六個核心價值：勇氣、憐憫、好奇、誠實、尊重、負責。我只希望《預備教育的未來》一書，能彰顯這非常特殊團體做出的貢獻和愛。

很多時候，一個群體隨著成長和老化，就會逐漸失去方向。整整二十年裡，一小群人專注投入於頂峰高中董事會，守護著我們學校的願景和任務。

我也要向保羅．坤茲（Paul Koontz）、約翰．諾維斯基（John Novitsky）、史黛西．基爾（Stacey Keare）、貝絲．巴雷特（Beth Bartlett）、鮑伯．歐唐諾（Bob O'Donnell）、史帝夫．亨弗瑞（Steve Humphreys）、布雷克．華納（Blake Warner）、安德魯．湯普森（Andrew Thompson）、迪亞哥．阿藍布拉（Diego Arambula）和梅格．惠特曼（Meg Whitman）等人，致上我無窮無盡的

敬意。若是沒有他們的經驗、洞見、勇氣、投入，以及支持走過所有的挑戰和成功，我很確定頂峰高中不會存在。

過去十一年以來，鮑伯・歐斯特（Bob Oster）熟練的引領眾人努力前進。我無法想像世界上還會有比他更好的董事會主席。我無法一一詳述他無價的智慧，但要記住他專注之處則毫無困難。在我們認識的這些年，他總會在我們的談話中問一句：「怎麼做對孩子最好？」

在我生命的多數時刻，都對本身的故事避之唯恐不及。把過往埋藏在成就和繁重的工作中，似乎是最容易的方式，但我不知道的是，自己也在這過程中被埋葬了。

我要非常感謝金恩・史密斯（Kim Smith）有遠見和才幹，為我創造一個完美的機會，在帕哈拉教育非營利機構（Pahara Institute）開始重新發現自己，看見以前在自己身上無法看到的東西。在金恩及夥伴緹雅・馬丁尼茲（Tia Martinez）、約翰・辛普金（John Simpkins）技巧熟練的引導下，我發現了一個團體（最終成了一家人），他們讓我看見了無條件的愛。

有了愛咪、艾隆、布萊恩、克莉絲汀娜、大衛、艾蜜莉、葛雷格、傑、吉姆、喬、喬爾、凱倫、金恩、克里斯蒂、MJ、麥可、史黛西、蘇珊、湯姆、翠西和凡妮莎等人的支持，我初次學會把自己的故事說出來。我對於能成為這大家庭的一份子，感到相當光榮和感激。

我、喬伊絲、瑪麗安、羅蘋、薇樂莉是來自不同學區的英文老師，負責創造出一份寫作評量。寫作把我們聚集在一起，但書本把我們聯繫起來。二十多年來，一起讀了上百本書之後，我們不再是讀書會夥伴，而昇華成為家人。我之所以知道如何當一個母親、夥伴、老師、領導人和朋友，有很多都來自這些令人欽佩的美麗女性，她們做出了不起的典範，分享原創性十足的點子，並且用愛、鼓勵和滋養，形塑了我今日的面貌。

幾年前，我和姊姊及彼此的家人聚集在餐桌旁聊往事，最年輕的外甥女看著大家，說：「我知道你們以前很窮，而且成長過程非常艱苦，但是你們彼此似乎還是有很多樂趣。」我一向深信，如果你想要知道真理，就去詢問孩子。一直到今天，我笑得最真誠開懷的時刻，便是和我妹妹小蒂相處的時候。純粹的喜悅僅僅是她無私與我分享的禮物之一，她也分享了自己美好的家人：布莉塔妮、杰克、布魯克和特倫特。

在本書的最後段落，向史考特和瑞特致意似乎是最合適的安排。在許多方面，他們就代表了這本書。《預備教育的未來》是我們的故事，是我們發現自己身為個體、身為家人的價值與心路歷程。本書之所以能順利出版，全是因為在我覺得無法再繼續時，瑞特會看著我，說：「媽，此刻其他的孩子比我更需要你，去吧！」我找不出詞彙來表達內心深處對丈夫與兒子的感激和愛，只希望當我給予擁抱的時候，他們能感受得到。

美國頂峰高中越洋專訪

一所不強調成績，卻造就九九％升學率的奇蹟學校

黃敦晴 採訪整理

父母總擔心孩子的未來，希望知道怎麼教育孩子，讓孩子預備好面對世界與未來的能力。微軟創辦人比爾．蓋茲在這學校找到答案。他形容，拜訪這所學校時的感覺，幾乎被「煞到」了。二〇〇三年，擔任過老師與副校長、在不同教育現場體認過理想與現實衝突的黛安．塔文納跟社區力量結合，在美國加州創立一所他們心目中理想的學校——頂峰高中，並擔任校長。在這裡，師長們合作，透過自我導引學習、研究專題學習法，以及個人化指導等方式，教學生解決真實世界中會遇到的問題，發展自動自發、合作、反省與思考等接受高等教育與未來工作所需的能力。

他們不把重心聚焦在學生的學業分數，結果反而打造高達九九％學生進入四年制大學的高升學率，而且順利讀完大學的比率，比全國平均值還高一倍。

這個成功的模式在全美掀起風潮，塔文納與同僚成立了非營利機構「頂峰公立學校聯盟」，

現在，在加州與華盛頓州複製「頂峰模式」，管理十所高中、五所初中，全美還有超過三百八十所學校採用他們的教育模式，帶領近四千名老師，共同為學生預備未來。即使學校遇到新冠肺炎疫情而停課，學生和老師們也能立刻無縫接軌，展開遠距教學，順利教完一整個學年的課程。

身兼共同創辦人的執行長塔文納，把這一路的歷程與教育方法寫成《預備教育的未來》一書，立刻被比爾．蓋茲列入推薦閱讀書單。在中文版上市前，塔文納特別接受《親子天下》的獨家專訪，暢談推動學生自主學習一路走來的心路歷程，也針對台灣師長們常有的問題，提出她的經驗與建議。

問：能不能跟讀者聊聊，這本書出版之後到現在，頂峰公立學校聯盟的現況如何，以及你現在所扮演的角色？

答：美國的學校運作，受到新冠肺炎疫情影響很大。在疫情發生之後，我們很快決定要轉到線上教學，星期五宣布停課，下星期一就開始遠距課程。雖然各方面的成果可能不盡如預期，但因為我們有共同的課程模組與運用科技的基礎，所以也能虛擬教學。

我現在就花很多心力在這些線上的系統，希望它們能夠運作得更順暢，有更好的效果。在遠距教學方面，我們還出版了報告，跟大家分享這幾個月來，我們怎麼觀察環境、做決定、跟不同單位溝通、展開遠距教學的做法……過程中經歷的調整與適應，提供各界參考。

很多人對頂峰公立學校聯盟很有興趣，我也與其他機構合作，還有透過非營利組織「為成功做好準備」（Prepared for Success）和播客節目，幫助大家了解教育現況，以及父母們在養育孩子過程中遇到的問題，各該如何應對。

問：你覺得頂峰高中最成功、讓你覺得最驕傲的是什麼？

答：大家都會提到，我們的學生全部符合升上四年制大學的先修課程要求，而且有九九％被錄取，其中不乏（哈佛等）名校。這的確是很不容易的事，但我覺得最成功的是，這些學生們認識了自己，明白他們是誰，想要做什麼，在乎什麼，知道本身生命的價值與意義，以及下一步要做什麼。他們不會像一些學生，為了要能畢業而幾乎崩潰，覺得終於熬到畢業了，可以不要再讀書、可以一直玩了。

問：很多老師對教育都有崇高的熱情跟理念，希望能夠實踐、堅持下去。你在很年輕、教過幾年書時，就決定投身這麼大的教育改革，而且還一邊辦學，一邊懷胎。你在書裡也提到，過程中有很多挑戰。當時有沒有覺得猶豫或害怕？又是怎麼支持自己一直走下去？

答：當時我並不感到害怕，而是覺得有個很好的機會可以做正面的事。也可能是因為我不知道會遇到什麼事，所以不知道要害怕什麼，只記得我對那些家長和老師的承諾，一直想著不要讓他們失望。光是不要讓他們失望，就是一件很有挑戰的事，因為他們給我很多信任。

我是怎麼走過來的？就是一直聚焦在「不要讓他們失望」，用這樣的心情與意志力，做該做、讓他們不會失望的事，來支持我自己。

問：你提到頂峰高中的做法，是用自我導引學習法、研究專題學習法、個人化指導等方式，讓學生養成自主學習、學會如何學習的能力。你怎麼會想到用這些方法，而且把它們當成課堂的主菜，而非餐後的甜點？

答：在我成長的歷程與學習到的各種科學、看到的人類發展，都有接觸到這些概念，也知道學習如何學習、與人合作、專案學習這些事的重要性與效果。不幸的是，在學校的教學中未必是這樣做。

頂峰高中不是第一個採用這些自主學習方式的學校，我知道在我們之前有些人零星的做過，所以知道也學會怎麼運用這些方法。只是我們也看到，很多學校把這些當做點綴，花很少的時間在上面。

所以我就想，如果我們要預備學生，讓他們準備好進入未來的經濟、社會體系中，應該要結合這些做法，做為孩子預備未來的解方。所以在頂峰高中，自我導引、研究專題等學習，不是一個星期只花二、三個小時的甜點，而是多數時間都這麼做，是主菜。

問：在你的經驗中，大家對於自我導引學習有哪些常見的迷思？

答：很多人以為學習是與生俱來的能力，但學習的技巧是要培養的，中間會經歷包括發想、動機、目標、計畫、過程中的監控與反饋、修正等過程，其中每一項都有學問，皆需要培養，而且都是可以後天學會的。

另一個常見的迷思是，很多人認為教學就是老師站在教室前面，跟學生分享自己會的東西。事實上，人們不是這樣學會東西的，所以我們教大家怎麼學習。而且即使是老師，也需要持續學習怎麼教。

問：你們怎麼幫助老師轉型，知道怎麼教學生如何學習？

答：這牽涉到兩個層面，一個是要培養老師怎麼教的技巧，一個是要激發老師的意願。

在技巧方面其實不難。我們要老師用研究專題教學生學習，但他們並不知道這是什麼，所以要先讓老師學會。我們發現主要的錯誤是，沒有讓老師用實例親身經歷研究專題教學怎麼做、怎麼帶孩子在研究專題中學習，反而用傳統的方式「教」老師怎麼教。例如把老師聚在一起，坐在台下，讓他們聽講。其實老師們原來並不知道研究專題學習法是什麼，應該讓他們親身經歷，或是看別人怎麼帶學生進行。

在意願方面，想要老師願意學、願意改，就要先讓他們看到、了解並相信這一套做法有用，進而願意改變自己的信念。只要老師們相信，願意嘗試，就會繼續敞開心胸，願意學習，之後會一次一次做得更好。

問：頂峰高中在美國各地會遇到不同背景的學生，就像你剛創立學校時，遇到很多令父母煩惱的孩子。在教育成功的背後，有沒有哪些共同的關鍵因素？

答：有人說，不是每個孩子都教得來。但是我不相信，我認為孩子中沒有不可雕的朽木，所以很願意教。

我發現學生跟大人一樣，可以在很短的時間內就了解很多事，尤其是年紀愈小的孩子，愈快學會、跟上，其中關鍵是小小孩的心胸開放、沒有成見。很多大孩子遇到的難題，是過去有過不好的經驗，或是已經習慣一些思維和做法，沒有想要改，或是害怕面對、學習新事物，以為自己無法學，沒有辦法改變。

這種心魔是最大的挑戰。所以我們會花很多時間了解孩子的經歷和處境，幫助他們打開心房，願意改變想法，就可以被教得不一樣。同樣的，父母也常會受制於過去的經驗跟習慣，也需要有開放的心態，願意相信與改變。

問：你們怎麼啟動自我導引學習的根源，激發孩子的好奇心跟動機？

答：好奇心也是可以培養的。我們讓孩子廣泛接觸各種事物，沒有明確的邊際與範圍；然後給孩子機會去探索他們覺得有趣、有興趣的事物；接著他們就可能對某一件事特別有興趣。我們要讓每個人可以去深究、追求個別想知道、想要的東西。整個過程中接觸、探索、追求等步驟，都可以透過研究專題學習來進行。

在動機方面也有一些要件。首先是要讓學生相信，他們有能力可以學會、熟練某一件事，而且在其中有自主掌控的能力，可以把對自己有意義的事做到完美，就會讓人很想去做。這些要素也都在研究專題學習中。

問：台灣的家長非常重視教育，尤其是學業成績，也很希望能教孩子自我導引學習。不過你在書中提到的例子，是陪著兒子看他學習煮飯，只在必要時出手幫他。父母可以怎麼在家鼓勵、幫助孩子自我導引學習？

答：學習的根源是產生好奇心，而且要有開放的心態。當我們把心關起來，或是給學生很多壓力時，也就把他們的學習能力關起來了。所以家長要撇開自己想要的，用開放的態度觀察孩子，從他們有興趣、好奇的事著手。像我的兒子喜歡吃，對飲食有很多好奇，所以我們就跟隨他的興趣。這樣孩子才會想要自己去嘗試，因為覺得他可以自己掌握吃的東西。

我遇過很多父母，把孩子的時間排得滿滿的，從早到晚不願意「浪費」一分鐘，從功課到音樂、運動、各種才藝，要孩子做很多事；結果沒有留一些空間給孩子的好奇心，讓他們去探索。久而久之，孩子的思維也會變得很狹隘，因為沒有機會接觸更大範圍的事物，而且會傷害學習力。

所以，如果要幫助孩子自我導引學習，要先讓他們思考自己是誰、在乎什麼、想要什麼。父母花時間陪孩子參與這個探索的過程，而不是控制他們；就讓他們自由的玩、嘗試，不要像設定機器一樣，想要監督、策劃他們的生活。

在過程中，我們可能不知道孩子會走到哪裡去。我兒子除了煮飯外，還很喜歡地圖；不但喜歡看，還很喜歡畫，為此花了很多時間，至少畫了上百幅。我也不知道他這樣要做什麼，或是以後會怎樣。沒想到，十年後他不但很懂世界地理，因而幫朋友完成了小說；更知道旅行時，要去哪些地方看哪些事物；也知道每個城市的歷史、政治、經濟、人口、社會等特色，這都是因為給他空間發揮好奇心和熱情的結果。但如果不給孩子機會，也不會知道他們能有這麼一天。

問：台灣的新課綱也引進了自我導引學習的概念，希望學生學會如何自己學習的能力。這對我們還很新穎。可否根據你十多年來的經驗，給我們一些建議？

答：這就是最大的挑戰，突然覺得被期待要會自我導引學習，但其實根本不知道該怎麼做，也不會其中的技巧，只好各自為政，悶著頭用自己的方法試。

老師們要體認到，我們真的應該改變教孩子的方法，給孩子空間學習；在過程中要多給學生一些機會，也不要只用自己的方法試，可以讓學生用他們的方法做做看。

剛開始可能會不熟悉，但老師跟學生可以從一天挪一點時間慢慢練習開始，每天都找個切入點演練，一次次擴大目標和學習的循環，久了就會熟悉。雖然不容易，但學生終究會學會的。

問：你辦學、投入教改以來，遇過最大的挑戰是什麼？你是怎麼克服的呢？

答：學習能力就像練肌肉一樣。沒有肌肉就要想辦法建立，讓它長出來，而且愈練就會愈強。有些學生什麼都不做，就被動的被推著走，這對他們就很困難，因為肌肉不使用就會消失，所以得要特別鍛鍊。

其中最大的挑戰是家長，他們可能是不信任或害怕，所以想做他們習慣做且相信的事情。甚至，他們想要結果，但不相信你的方法。所以我們也花了很多時間主動跟家長溝通、持續對話，也在preparedforsuccess.org網站上提供資料，分享很多養育孩子會遇到的問題該怎麼做。

家長其實都很忙，所以我們給的東西，要讓他們在五分鐘內就可以消化、理解。我們也找到很好的切入點，就是我們和家長都希望孩子健康、快樂。家長當然也希望孩子的經濟、事業成功，但是不想要以孩子心理不健康做為代價。這些共同的目標，就是我們跟家長溝通時很好的基礎。

預備教育的未來：新時代的學習樣貌，打造面對挑戰的適應力、恆毅力與自我學習力 / 黛安．塔文納著；劉嘉路譯．-- 第一版 -- 臺北市：親子天下，2020.09
296 面；14.8×21 公分．--（學習與教育；216）
譯自：Prepared
ISBN　978-957-503-664-5(平裝)

1. 教育 2. 親職教育 3. 學校教育

520　　　　109012214

學習與教育 216

預備教育的未來

新時代的學習樣貌，打造面對挑戰的適應力、恆毅力與自我學習力

作者／黛安・塔文納
譯者／劉嘉路
責任編輯／盧宜穗、陳子揚（特約）
校對／魏秋綢
封面設計／ Bonjavick
內頁設計／連紫吟、曹任華
行銷企劃／蔡晨欣

發行人／殷允芃
創辦人兼執行長／何琦瑜
副總經理／游玉雪
總監／李佩芬
副總監／陳珮雯
特約副總監／盧宜穗
資深主編／張則凡
副主編／游筱玲
資深編輯／陳瑩慈
資深企劃編輯／楊逸竹
企劃編輯／林胤孝
版權專員／何晨瑋・黃微真

出版者／親子天下股份有限公司
地址／台北市 104 建國北路一段 96 號 4 樓
電話／（02）2509-2800　傳真／（02）2509-2462
網址／ www.parenting.com.tw
讀者服務專線／（02）2662-0332 週一～週五 09:00~17:30
讀者服務傳真／（02）2662-6048
客服信箱／ bill@cw.com.tw
法律顧問／台英國際商務法律事務所　羅明通律師
製版印刷／中原造像股份有限公司
總經銷／大和圖書有限公司　電話／（02）8990-2588

出版日期／ 2020 年 09 月第一版第一次發行
　　　　　2020 年 10 月第一版第二次發行
定　價／ 450 元
書　號／ BKEE0216P
ISBN ／ 978-957-503-664-5（平裝）

【訂購服務】
親子天下 Shopping ／ shopping.parenting.com.tw
海外・大量訂購／ parenting@cw.com.tw
書香花園／台北市建國北路二段 6 巷 11 號　電話（02）2506-1635
劃撥帳號／ 50331356 親子天下股份有限公司

立即購買 >